CODI'R LLEN

Merched yr Hen Destament a'u dewisiadau

Myfyrdodau gan Clare Hayns
Gwaith Celf gan Micah Hayns

CYHOEDDIADAU'R
GAIR

CODI'R LLEN: Merched yr Hen Destament a'u dewisiadau © 2023 Cyhoeddiadau'r Gair

Hawlfraint Testun © Clare Hayns, 2021.

Cyhoeddwyd yn wreiddiol yn Saesneg gan y Bible Reading Fellowship dan y teitl
Unveiled: Women of the Old Testament and the choices they made

Addasiad Cymraeg: Ruth Davies, Gwenllian Edwards, Luned Edwards, Zohrah Evans, Anna Gruffudd Fleming, Calan McGreevy, Lisa Tiplady a Bethan Whittall
Golygydd yr Addasiad: Ruth Davies
Golygydd Testun: Mair Jones Parry
Golygydd Cyffredinol: Aled Davies
Cysodi: Rhys Llwyd

Cedwir pob hawl.

Rhoddir caniatâd i ddefnyddio dyfyniadau byr o'r llyfr hwn at ddibenion adolygu ac addysgu. Cysylltwch gyda'r cyhoeddwyr am wybodaeth a chaniatâd pellach i ddefnyddio'r cynnwys.

Oni nodir yn wahanol, daw y dyfyniadau Beiblaidd o'r Beibl Cymraeg Newydd (Argraffiad Diwygiedig) (2004). Defnyddir gyda chaniatâd Cymdeithas y Beibl.

Mae hawlfraint © ar weddïau Philippa White sydd wedi eu cynnwys yn y gyfrol a chânt eu defnyddio gyda chaniatâd caredig.

Cyhoeddwyd gan:
Cyhoeddiadau'r Gair
Ael y Bryn, Chwilog,
Pwllheli, Gwynedd
LL53 6SH.
www.ysgolsul.com

I Isla, Amélie, Annabelle, Eliza,
ein nithoedd/cyfnitherod ardderchog.
Gobeithiwn y bydd y merched hyn yn eich ysbrydoli.

Cydnabyddiaethau

Hoffem ddiolch i bawb sydd wedi ein hannog ar hyd y daith, yn enwedig y rhai a ddarllenodd y blog Grawys yn 2020 a dweud wrthym eu bod yn ei hoffi. Diolch yn arbennig i John Hayns, Alannah Jeune a Jill Hayns am eu parodrwydd i ddarllen fersiynau amrywiol ac am eu sylwadau defnyddiol. Yn ogystal diolch anferth i Philippa White am ysgrifennu cymaint o'r gweddïau. Yn olaf, hoffem ddiolch i'r holl ferched rhyfeddol yn ein bywydau am eu cariad a'u hysbrydoliaeth, yn enwedig Jane, Jill, Milly, Sara, Loïs a Helen.

Cyflwynaf y gyfrol hon i'r Parchedig Ddr Rosa Hunt i ddathlu blwyddyn gyntaf ei gweinidogaeth arnom yn Y Tabernacl, Caerdydd; am ei chariad, ei hysbrydoliaeth ddiflino ac am fod yn esiampl i ni i gyd i'w hefelychu.

Bu'r gyfrol yn brosiect gennyf yn ystod fy mlwyddyn fel Llywydd Mudiad Chwiorydd Undeb Bedyddwyr Cymru 2022–2023. Cefais gymorth parod gyda'r cyfieithu gan rai o aelodau'r Tabernacl a ffrindiau:

Gwenllian Edwards
Luned Edwards
Zohrah Evans
Anna Gruffudd Fleming
Calan McGreevy
Lisa Tiplady
Bethan Whittall

Diolch i bob un ohonoch am eich gwaith a'ch cefnogaeth a diolch arbennig i Bill Davies am fod yn graig i mi ac yn barod ei gyngor a'i sylwadau bob amser.

Ruth Davies

Cynnwys

Cyflwyniad 8
1. Efa: y dewis cyntaf 11

ꙮ Cyfrinach mam

2. Hagar: gweld a chlywed 16
3. Sara: o dan y coed deri 20
4. Rebeca: ffydd a ffafriaeth 24
5. Jochebed: y fam ddirgel 28
6. Hanna: yr un a gododd 32
7. Rispa: fe gadwodd wylnos 36
8. Y weddw o Sareffath: rhoi a derbyn 40

ꙮ Merched proffwydol

9. Miriam: y broffwydes lawen 45
10. Debora: y farnwres ryfelgar 49
11. Hulda: proffwydes barn 53

ꙮ Hesed

12. Rachel: y chwaer gafodd ei charu 58
13. Lea: y chwaer arall 62

14. Naomi: chwerwfelys 66

15. Ruth: calon feddal, traed caled 70

16. Y Mrs Samson gyntaf 74

17. Merch Jefftha: addewid farwol 78

18. Michal: caru a chasáu 82

❧ Merched 'blaengar'

19. Merched Seloffehad: grym merched 87

20. Jael: marwol mewn pabell 91

21. Abigail: llysgennad yr anialwch 95

22. Brenhines Sheba: ceisydd doethineb 99

23. Esther: ar gyfer y fath amser â hwn 103

❧ Merched drwg?

24. Gwraig Lot: y ferch a droes 108

25. Gwraig Potiffar: yr hudoles 112

26. Delila: pam, pam, pam? 116

27. Jesebel: ei barnu'n annheg? 120

28. Athaleia: y frenhines ddialgar 124

❧ #NhwHefyd

29. Dina: anrhydedd neu gywilydd? 129

30. Tamar: cwymp a chyfiawnder 133

31. Bathseba: harddwch a'r bwystfil 137

32. Fasti: #FiHefyd 141

33. Swsanna: y mae'n gyfyng arnaf 145

Merched wrth eu gwaith

34. Siffra a Pua: y bydwragedd gwrthryfelgar 150

35. Rahab: putain, arwres neu'r ddau? 154

36. Cyfryngwraig Endor: mynd yr ail filltir 158

37. Abisag y Sunamees: y tyst tawel 162

38. Y wraig Sunamees: gobaith cynyddol 166

39. Morwyn Naaman: cyngor dewr 170

40. Merched Salum: dewch, adeiladwn 174

Myfyrio ar y broses o waith celf: Micah Hayns 177

Nodiadau 179

Cyflwyniad

Daeth y llyfr hwn i fod oherwydd anwybodaeth. Ychydig flynyddoedd yn ôl, roeddwn mewn siop yn trefnu i gael fframio lluniau pan wnaeth y perchennog, o weld fy ngholer wen, y gosodiad sy'n gwneud i arweinwyr eglwysig grynu: 'Fe fyddwch yn gwybod yr ateb i hyn gan eich bod yn ficer.' Y cwestiwn a ofynnodd oedd, 'Miriam yw enw cariad fy mab, ac rwy'n gwybod ei bod yn y Beibl – ond pwy oedd hi?' Roedd yn gwestiwn da, ond roeddwn yn petruso. Gwyddwn fod a wnelo hi rywbeth â Moses, ond dim llawer mwy. Daeth cwsmer arall i mewn, ac felly cymerais y cyfle i guddio y tu ôl i'r fframiau er mwyn cael gwglo ei gwestiwn!

Deuthum oddi yno yn benderfynol o ddarganfod mwy am Miriam a hefyd holl ferched eraill yr ysgrythur, a gosodais her i mi fy hun i ysgrifennu am ferch o'r Beibl bob dydd dros 40 niwrnod y Grawys a'i wneud yn flog. Pan ddechreuais roeddwn wedi bwriadu defnyddio merched y Testament Newydd yn ogystal, ond fe ddarganfyddais fod yna gymaint o ferched ffantastig yn yr Hen Destament ac fe benderfynais, yn hytrach, ganolbwyntio arnynt hwy.

Mae yna ragdybiaeth fod merched yn cael eu hanwybyddu yn arw yn yr ysgrythurau Hebraeg, a *phan* ysgrifennir amdanynt maent ar yr ymylon ac yn gymeriadau braidd yn ddau-ddimensiwn: dan len dirgelwch, wedi'u cuddio o'r golwg neu ar y cyrion. Mae hyn yn sicr yn wir am rai merched, ond mae yna lawer o rai eraill sydd yn ganolog i'r stori, yn gymhleth ac yn cael eu defnyddio gan Dduw mewn dulliau anghyffredin. Drwy'r merched hyn, darganfyddais fy mod yn gallu deall rhannau o'r Beibl oedd wedi ymddangos yn ddirgelwch cynt. Er bod eu byd yn cael ei reoli gan ddynion mor aml, roedd gan lawer o'r merched hyn ddewisiadau roeddynt yn gallu eu gwneud o fewn cyfyngiadau eu cymdeithas batriarchaidd. Ambell dro roedd y dewisiadau hyn yn cael dylanwad arnynt hwy eu hunain a'u teuluoedd, ac ar adegau eraill daethant ag achubiaeth neu ddinistr i gymuned gyfan, a hyd yn oed newid trefn hanes.

Yn hytrach na threfnu storïau'r merched hyn yn gronolegol o Genesis ymlaen, penderfynais eu grwpio o amgylch themâu oedd yn eu hamlygu eu hunain, megis mamolaeth, gwaith, perthynas a grym. Ni ddylem anwybyddu'r storïau mwy annymunol chwaith, oherwydd maent yn ein hatgoffa bod yna ddioddef a phoen yn ganolog i'r cyflwr dynol, a'r angen am gariad achubol Duw fel y datguddiwyd inni'n llawn drwy Iesu. Gyda hyn mewn golwg, rwyf wedi cynnwys myfyrdod a gweddi ar ddiwedd pob pennod sydd, gobeithio, yn rhoi storïau'r merched hyn mewn cyd-destun.

Nid bwriad y llyfr hwn yw bod yn astudiaeth ddofn ddiwinyddol; mae yna lawer sy'n fwy cymwys na fi wedi gwneud hynny eisoes. Fy ngobaith yw y byddwch drwy ddarllen y storïau a mwynhau delweddau hardd Micah yn dod i adnabod rhai o'r merched hyn yn well a darganfod, er eu bod wedi byw gannoedd o flynyddoedd yn ôl, bod eu storïau mor anhygoel o gyfoes. Mae gan y merched hyn frwydrau'n ymwneud â pherthynas, cystadleuaeth rhwng brodyr a chwiorydd, heriau ariannol a materion ffrwythlondeb. Mae ganddynt hefyd ddoniau rhyfeddol, sgiliau, ffydd a dewrder.

Drwy godi'r llen ar storïau'r merched rhyfeddol hyn a'u dewisiadau, fy ngobaith yw y gallwn ddod i ddysgu mwy amdanynt a hefyd dod i wybod mwy am gariad helaeth Duw tuag atom ni a phawb arall. Rwyf wedi dysgu cymaint gan y merched hyn ac rwy'n gobeithio y gwnewch fwynhau darllen amdanynt gymaint ag y gwnes i fwynhau ysgrifennu amdanynt.

Clare

Clare Hayns

Efa: y dewis cyntaf

> Yr oedd y sarff yn fwy cyfrwys na'r holl fwystfilod gwyllt a wnaed gan yr Arglwydd Dduw. A dywedodd wrth y wraig, 'A yw Duw yn wir wedi dweud, "Ni chewch fwyta o'r un o goed yr ardd"?' Dywedodd y wraig wrth y sarff, 'Cawn fwyta o ffrwyth coed yr ardd, ond am ffrwyth y goeden sydd yng nghanol yr ardd dywedodd Duw, "Peidiwch â bwyta ohono, na chyffwrdd ag ef, rhag ichwi farw."' Ond dywedodd y sarff wrth y wraig, 'Na! ni fyddwch farw; ond fe ŵyr Duw yr agorir eich llygaid y dydd y bwytewch ohono, a byddwch fel Duw yn gwybod da a drwg.' A phan ddeallodd y wraig fod y pren yn dda i fwyta ohono, a'i fod yn deg i'r golwg ac yn bren i'w ddymuno i beri doethineb, cymerodd o'i ffrwyth a'i fwyta.
> GENESIS 3:1–6a

Mae yna gymaint ynglŷn â'r ffordd mae ein bywyd wedi troi allan yn dibynnu ar ddewisiadau, rhai'n cael eu gwneud gan eraill a rhai o'r rheiny wedi eu gwneud cyn i ni gael ein geni hyd yn oed: y dewis wnaeth ein rhieni i ddod at ei gilydd; y penderfyniadau a wnaethant wedyn ynglŷn â'n magwraeth, ysgolion a lle roeddem yn byw; eu disgwyliadau ar ein cyfer fel roeddem yn tyfu'n oedolion. Rydym ni yn gwneud dewisiadau pendant ar wahanol gyfnodau: gyda phwy rydym yn rhannu ein bywydau, ar beth rydym yn ffocysu, sut y gwariwn ein harian. Wrth gwrs, weithiau mae amgylchiadau y tu hwnt i'n rheolaeth yn digwydd: mae partner yn gadael, mae plentyn yn marw, mae yna feirws yn newid ein ffordd o fyw.

Mae dewis yn greiddiol i stori Efa, y ferch gyntaf. Gallwn fynd i gors wrth boeni a oedd Efa yn berson go iawn mewn amser real neu yn gymeriad sy'n ein cynorthwyo i ddeall rhywbeth ynglŷn â phwy ydym ni a'n perthynas â'r creawdwr. Yn y darn barddoniaeth hyfryd yma am y creu, clywn am 'fenyw' yn cael ei chreu ochr yn ochr â 'gwryw' ar ddelw Duw (Genesis 1:27). Mae Duw yn gosod creadigaeth doreithiog o'u blaenau iddynt i'w mwynhau. Bendithiwyd Adda ac Efa a chawsant gomisiwn i edrych ar ôl y greadigaeth a rhyddid i'w mwynhau i gyd, gydag un eithriad. Dywedodd Duw wrthynt, 'Cei fwyta'n rhydd o bob coeden yn yr ardd, ond ni chei fwyta o bren gwybodaeth da a drwg, oherwydd y dydd y bwytei ohono ef, byddi'n sicr o farw' (Genesis 2:16b–17).

Roedd gan Efa ddewis i'w wneud: glynu at hyn, neu ddilyn llais y sarff, sy'n dweud wrthi os bydd yn ei fwyta, 'Na! ni fyddwch farw; ond fe ŵyr Duw yr agorir eich llygaid y dydd y bwytewch ohono, a byddwch fel Duw yn gwybod da a drwg.' Roedd y ffrwyth yn edrych yn 'dda' ac yn 'deg i'r golwg', a dewisodd Efa ei fwyta, gan rannu'r ffrwyth gydag Adda.

Ar ôl iddynt fwyta, teimlai Efa ac Adda yn ofnus, y naill yn beio'r llall ac yn cuddio oddi wrth Dduw. Roedd y byd oedd wedi bod yn doreithiog, yn hardd a diogel nawr yn cynnwys poen, dioddefaint ac ofn. Mae'n rhaid fod Efa wedi teimlo'r boen yn arw pan gafodd brofiad chwerw o fewn ei theulu, gyda'i mab Cain yn lladd ei frawd Abel (Genesis 4).

Mae Efa'n cael ei beio yn aml am achosi'r 'cwymp', term nad yw'n cael ei ddefnyddio yn y Beibl ond sy'n disgrifio'r rhwyg yn y berthynas rhwng dynoliaeth a Duw. Tybed a yw'n gymorth ystyried Efa fel y gyntaf yn hytrach na'r achos. Hi oedd y gyntaf i wneud dewis gafodd ôl-effaith a achosodd boen a thoriad perthynas. Yn bendant nid hi oedd yr olaf. Mae pob bod dynol rhywbryd neu'i gilydd wedi gorfod gwneud dewisiadau sydd wedi achosi poen a gwahanu. Mae'r mwyafrif ohonom yn gwneud hyn, i ryw raddau, bob dydd. Mae'n rhan o fod yn berson – dyma beth a olygir wrth bechod.

Efallai mai Efa oedd y ferch gyntaf i ddewis annibyniaeth oddi wrth Dduw, ond hi hefyd oedd y gyntaf i fod mewn perthynas â Duw. Hi oedd y gyntaf i gerdded yn yr ardd gyda Duw, i siarad gyda Duw ac i glywed llais Duw.

Fel y torrwyd y berthynas rhwng Duw a'r ddynoliaeth mewn gardd, efallai nad yw'n syndod chwaith iddi gael ei hadfer mewn gardd. Roedd y cyfarfod cyntaf gyda Iesu wedi iddo atgyfodi hefyd mewn gardd, y tro yma gyda merch o'r enw Mair Magdalen a wnaeth ei gamgymryd am y garddwr i ddechrau ond o glywed ei lais yn ei galw hi'n 'Mair' a'i adnabu ef fel yr Arglwydd (Ioan 20:16).

Myfyrdod

Fel Efa, mae pob un ohonom ni wedi cael ein creu ar ddelw Duw ac wedi cael byd godidog i fyw ynddo. Mae gennym ninnau ddewisiadau hefyd: sut yr ydym yn byw, pwy yr ydym yn eu caru, a beth a wnawn gyda'r rhodd o fywyd a gawsom. Rydym yn cydnabod bod rhai dewisiadau a wnaethom wedi achosi poen. A chofiwn ynghanol yr holl lawenydd a'r poenau sydd ynghlwm wrth fywyd dynol nad yw Duw byth yn ein gadael. Mae Duw yn parhau i gerdded ochr yn ochr â ni ac yn ein cymell i adnewyddu ein perthynas, ond yn rhoi dewis i ni ei ganlyn neu beidio – ac yn ein caru er gwaethaf popeth.

Gweddi

Dduw yr holl greadigaeth, ble mae pob un ohonom wedi ein gwneud ar dy ddelw di, cynorthwya ni i ddewis byw bywydau sy'n llewyrchu dy gariad. Amen.

Cyfrinach mam

Y stori ganolog i lawer o ferched yr Hen Destament yw a ydynt yn gallu rhoi genedigaeth i blant neu beidio. Mewn cymdeithas draddodiadol prif rôl merched yw cael plant, gan sicrhau parhad y teulu neu'r llwyth. Mae'r merched o'r Hen Destament yr edrychwn arnynt nesaf yn ein hatgoffa nad yw bod yn fam erioed wedi bod yn hawdd. Maent yn dangos drwy eu llawenydd a'u tristwch y cryfder rhyfeddol, y ffydd a'r gwytnwch sydd eu hangen i fagu plant. Yma fe welwn famau yn gorfod amddiffyn eu plant rhag unigolion cystadleuol treisgar (Hagar), llywodraethwyr mileinig (Jochebed) a thlodi (gweddw Sareffath). Cawn ein hatgoffa bod mamau ymhell o fod yn berffaith ac yn gwneud camgymeriadau (Sara, Rebeca), a bod llawer o famau yn gorfod wynebu poen colled a galar (Hanna, Rispa). Roedd y merched hyn yn llawer mwy na chyfrwng i gynhyrchu plant.

Hagar: gweld a chlywed

> Daeth angel yr Arglwydd o hyd i Hagar wrth ffynnon ddŵr yn y diffeithwch, wrth y ffynnon sydd ar y ffordd i Sur. A dywedodd wrthi, 'Hagar forwyn Sarai, o ble y daethost, ac i ble'r wyt yn mynd?' Dywedodd hithau, 'Ffoi yr wyf oddi wrth fy meistres Sarai.' A dywedodd angel yr Arglwydd wrthi, 'Dychwel at dy feistres, ac ymostwng iddi.' Dywedodd angel yr Arglwydd hefyd wrthi, 'Amlhaf dy ddisgynyddion yn ddirfawr, a byddant yn rhy luosog i'w rhifo.'
> GENESIS 16:7–10

Yn nofel ddystopaidd Margaret Atwood, *The Handmaid's Tale*, mae'r Unol Daleithiau wedi dod yn wlad unbennaeth filitaraidd ac y mae rolau penodol yn cael eu neilltuo i ferched i sicrhau parhad y blaid chwyldroadol. Gwelir y nofel drwy lygaid Offred, un o'r fyddin o lawforynion sydd â'r rôl o gynhyrchu disgynyddion i'r penaethiaid milwrol pwerus, llawer ohonynt yn methu cenhedlu gyda'u gwragedd. Ei henw fel caethferch yw Offred, gyda'r ystyr llythrennol 'o Ffred'; nid yw ei henw cywir yn cael ei ddatguddio yn y nofel.

Roedd Hagar, fel Offred, hefyd yn forwyn i gwpl cyfoethog anffrwythlon ac mewn dull tebyg fe ddefnyddiwyd ei chorff i genhedlu plentyn. Ystyr Hagar yn syml yw 'dieithryn' ac yr oedd yn rhywun ar y cyrion, caethferch Eifftaidd oedd yn eiddo i Sarai, gwraig Abram. Beth sy'n rhyfeddol yw mai Hagar, merch heb ddim awdurdod a heb enw cywir, yw'r unig berson yn yr holl ysgrythurau i roi enw ar Dduw.

Roedd Abram a Sarai wedi dioddef blynyddoedd o anffrwythlondeb, a phenderfynodd Sarai gael plentyn drwy ddefnyddio ei chaethferch fel mam fenthyg. Roedd Abram yn barod i gytuno â'r cynllun, a daeth Hagar yn feichiog, statws oedd yn rhoi peth awdurdod iddi. Credai Sarai ei bod wedi mynd 'yn ddibris' yng ngolwg Hagar a daeth yn fwyfwy eiddigeddus, 'Yna bu Sarai yn gas wrthi.' Yn ofni am ddiogelwch y plentyn yn ei chroth, ffodd Hagar i'r diffeithwch (Genesis 16:6).

Daeth 'angel yr Arglwydd' at Hagar pan oedd yn cuddio wrth ymyl ffynnon, a siaradodd â hi am ei mab yn ei chroth, Ismael, a dywedodd wrthi y byddai ei disgynyddion mor niferus y 'byddant yn rhy luosog i'w rhifo'. Roedd Hagar wedi'i llorio gan ei bod wedi cael ei gweld a'i chlywed, efallai am y tro cyntaf yn ei bywyd, fel y rhoddodd enw i'r Arglwydd: 'Tydi yw El-roi' (hyn sy'n golygu 'y Duw sy'n gweld'); gan iddi ddweud, 'A wyf yn wir wedi gweld Duw?' (Genesis 16:13).

Dywedodd yr angel wrthi am ddychwelyd at ei meistres, ac yn fuan wedyn esgorodd ar Ismael a'i fagu yn nhŷ Sarai nes i Sara, oedd ag enw newydd erbyn hyn, genhedlu a rhoi genedigaeth i Isaac. Unwaith i Sara gael ei mab ei hun, nid oedd eisiau i Hagar ac Ismael etifeddu, ac felly cawsant eu halltudio unwaith eto. Roedd Ismael bron yn oedolyn erbyn hyn, tua phymtheg oed, a bu'r ddau yn crwydro yn yr anialwch nes i'w bwyd a dŵr ddarfod a phob gobaith o oroesi ddiflannu. Yn y disgrifiad cyntaf o ddefod marwolaeth yn yr ysgrythur, rhoddodd Hagar ei mab o dan berth, eisteddodd ychydig bellter i ffwrdd a disgwyl iddo farw.

Clywodd Duw eu llefain unwaith yn rhagor ac ymddangosodd iddynt, digon tebyg i'r angel ddaeth at Mair genedlaethau yn ddiweddarach, gan ddweud, 'Paid ag ofni, oherwydd y mae Duw wedi clywed' (Genesis 21:17). Ymddangosodd ffynnon o ddŵr, goroesodd y ddau a daeth Ismael yn dad i lwyth niferus a phwerus. Caiff ei barchu heddiw gan Fwslemiaid Arabaidd fel eu patriarch a'i ystyried yn Islam fel cyndad y proffwyd Mohammed. Hagar, caethferch oedd ar y cyrion yn cael ei thrin yn sarhaus a'i cham-drin gan ei meistres, gafodd ei gweld a'i chlywed gan Dduw.

Myfyrdod

Mae'n rhaid i ni fod â'n llygaid yn agored i'r ffaith galed fod caethwasiaeth wedi bod ac yn parhau i fod yn rhan o ddiwylliant ein byd. Efallai nad yw Gilead Margaret Atwood yn bodoli, ond nid yw ei gwlad ddychmygol yn bell o realiti bywyd cymaint o ferched, ac nid yw'r rhagdybiaeth drist o berchnogaeth a hawliau rhywiol dros berson arall yn cael ei chyfyngu i hanes neu ffuglen. Mae dros 40 miliwn o bobl, y mwyafrif yn ferched, yn cael eu cadw yn erbyn eu hewyllys heddiw. Gadewch i ni weddïo y byddant hwy, fel Hagar, yn cael eu gweld a'u clywed gan Dduw.

Gweddi

El-roi, y Duw sy'n gweld ac yn clywed pawb sy'n galw allan mewn angen, tyrd â chysur a rhyddid i dy blant i gyd, yn enwedig y rhai hynny sydd wedi'u gorthrymu, sy'n byw gan ofni trais ac sy'n cael eu gorfodi i ddianc o'u cartrefi i amddiffyn eu teuluoedd. Amen.

3

Sara: o dan y coed deri

> Ymddangosodd yr Arglwydd i Abraham wrth dderw Mamre, pan oedd yn eistedd wrth ddrws y babell yng ngwres y dydd. Cododd ei olwg a gwelodd dri gŵr yn sefyll o'i flaen. Pan welodd hwy, rhedodd o ddrws y babell i'w cyfarfod, ac ymgrymu i'r llawr, a dweud, 'F'arglwydd, os cefais ffafr yn d'olwg, paid â mynd heibio i'th was.' ... Gofynasant iddo, 'Ble mae dy wraig Sara?' Atebodd yntau, 'Dyna hi yn y babell.' Yna dywedodd yr Arglwydd, 'Dof yn ôl atat yn sicr yn nhymor y gwanwyn, a chaiff Sara dy wraig fab.' Yr oedd Sara yn gwrando wrth ddrws y babell y tu ôl iddo.
> GENESIS 18:1–3, 9–10

Rwyf wedi bod wrth fy modd gyda choed erioed. Pan oeddwn yn blentyn yn tyfu i fyny yn Swydd Buckingham roedd gennym sycamorwydden enfawr yn ein gardd, a'n henw arni, yn ddiddychymyg braidd, oedd 'Y Goeden Fawr'. Dywedwyd mai hon oedd un o'r mwyaf a'r hynaf o'i bath yn y DU ac roedd yn anhygoel. Roedd un gangen yn cyrraedd at y llawr, oedd yn berffaith ar gyfer dringo i fyny i geudod yn y canol. Dyma lle roeddem yn mynd fel plant i ddianc oddi wrth bawb. Dyma lle cefais fy mhrofiad cyntaf o weddïo, wrth i mi siarad â Duw am ba broblemau bynnag yr oeddwn yn eu cael, cwympo mas o ryw fath rhwng brodyr a chwiorydd fel arfer. Mae stori Sarai (mae ei henw'n cael ei newid i Sara yn nes ymlaen) yn cynnwys coeden benodol, neu grŵp o goed, a elwir yn 'dderw Mamre'.

Roedd Sarai yn briod ag Abram (a alwyd yn ddiweddarach yn Abraham), oedd yn hanner brawd iddi. Roeddent yn treulio llawer o'u bywyd yn teithio, gan fod Abram wedi cael ei alw gan Dduw i adael eu mamwlad, Haran, a mynd i dir newydd, lle byddent, dywedodd yr Arglwydd wrtho, yn cael eu bendithio (Genesis 12:1–3). Cawsant eu bendithio yn wir, mewn sawl ffordd, gyda chyfoeth, tir ac anifeiliaid. Ond nid gyda phlentyn – yr unig beth yr oedd Sarai ei eisiau mewn gwirionedd a'r oll oedd yn ddisgwyliedig ganddi fel merch. Y peth cyntaf a ddysgwn amdani yw ei bod 'yn ddi-blant, heb eni plentyn' (Genesis 11:30).

Gerllaw coed deri Mamre y digwyddodd dau beth a newidiodd gwrs bywyd Sarai. Dyma lle derbyniodd Abram yr addewid y byddent yn cael plentyn ac y byddai eu disgynyddion mor niferus y byddent 'fel llwch y ddaear' (Genesis 13:16). Ac wrth wreiddiau coed deri Mamre hefyd, flynyddoedd yn ddiweddarach, y cyfarfu Sara ac Abraham â'r Arglwydd unwaith eto, a ddaeth atynt fel tri dieithryn. Unwaith eto, cawsant addewid y byddai ganddynt fab erbyn y flwyddyn ganlynol.

Chwarddodd Sara wrth feddwl am y syniad. Roedd bellach wedi mynd y tu hwnt i'r menopos neu, fel y mae'r Beibl yn dweud, 'Yr oedd arfer gwragedd wedi peidio i Sara.' Roedd Abraham hefyd wedi gweld ei ddyddiau gorau: 'Ai wedi imi heneiddio, a'm gŵr hefyd yn hen, y caf hyfrydwch?' (Genesis 18:11–12).

Ond y tro hwn, *cafodd* yr addewid ei wireddu ac fe wnaeth Sara yn wir gael plentyn, Isaac (sy'n golygu 'mae'n chwerthin'). Mae'n rhaid bod bywyd Sara wedi bod yn anodd. Nid oedd ganddi ddewis ond dilyn ei gŵr ar ei deithiau, a gofynnodd Abraham ddwywaith iddi wadu ei bod yn wraig iddo er mwyn iddi allu cysgu gyda dynion mewn awdurdod er mwyn diogelu ei fywyd ef. Fel y gwelsom yn y bennod flaenorol am Hagar, roedd Sara'n genfigennus ac wedi ymddwyn yn ofnadwy tuag at ei chaethferch. Ond roedd hefyd yn ffyddlon ac yn gadarn a chaiff ei chofio ym mhob un o'r tair ffydd Abrahamaidd fel un o'r ychydig fatriarchiaid beiblaidd.

Ar ddiwedd ei bywyd hir, yn y disgrifiad cyntaf o angladd a chladdedigaeth yn yr ysgrythur, claddwyd Sara mewn lle wedi ei sicrhau trwy gariad gan ei gŵr, Abraham, a lle byddai'n ymuno â hi yn nes ymlaen: mewn llecyn yn edrych dros goed deri Mamre, oedd yn agos iawn at ei chalon.

Myfyrdod

Mae gan y Beibl sawl stori am bobl yn cyfarfod â Duw wrth eistedd ger coed. Meddyliaf am Jona yn pwdu o dan lwyn, ac am gyfarfyddiad Iesu â Nathaniel: 'Gwelais di … pan oeddit dan y ffigysbren' (Ioan 1:48). Y Goeden Fawr oedd y lle cyntaf y gallaf gofio dod ar draws y dwyfol, ac ers hynny rwyf yn aml yn mwynhau eistedd a gweddïo wrth fôn coed. Efallai eu bod yn ein hatgoffa o barhauster a sefydlogrwydd Duw, yn rhoi cysur arbennig ar adegau o newid ac ansicrwydd.

Gweddi

Nefol Dad, diolch dy fod yn ein gweld ac yn ein clywed pan ddown atat mewn gweddi. Yn yr un modd ag y clywaist dy ferch Sara ganrifoedd lawer yn ôl, gweddïwn y byddi'n ein clywed ni heddiw wrth i ni siarad â thi am yr hyn oll yr ydym yn dyheu amdano. Amen.

4

Rebeca: ffydd a ffafriaeth

Cododd Rebeca hefyd ei golygon, a phan welodd Isaac, disgynnodd oddi ar y camel, a gofyn i'r gwas, 'Pwy yw'r gŵr acw sy'n cerdded yn y maes tuag atom?' Atebodd y gwas, 'Dyna fy meistr.' Cymerodd hithau orchudd a'i wisgo. Ac adroddodd y gwas wrth Isaac am bopeth yr oedd wedi ei wneud. Yna daeth Isaac â Rebeca i mewn i babell ei fam Sara, a'i chymryd yn wraig iddo. Carodd Isaac Rebeca.
GENESIS 24:64–67a

'Dyma Rebeca o'th flaen.'
GENESIS 24:51a

Fe wnaethom gyfarfod â Rebeca gyntaf gyda stên ar ei hysgwydd wrth iddi fynd at ffynnon y tu allan i gatiau'r dref i dynnu dŵr. Hi yw'r gyntaf o sawl un o ferched y Beibl y mae ei stori'n cynnwys gadael eu cartref i briodi ymgeisydd am eu llaw nad ydynt wedi ei gyfarfod eto. Mae'n stori sydd yn cynnwys camelod, modrwyon trwyn, cynnen deuluol ac efeilliaid trafferthus.

Roedd Abraham erbyn hyn yn batriarch oedrannus ac eisiau dod o hyd i wraig ar gyfer ei fab Isaac o'i wlad ei hun, yn hytrach na Chanaan lle roeddent yn byw erbyn hynny. Anfonwyd y gwas oedd yn gofalu am ei holl eiddo, Eleasar, i Nachor (yn Syria yr oes fodern) i ddod o hyd i rywun addas o lwyth Abraham. Aeth â chamelod gydag ef yn llwythog â sachau o emwaith fel gwaddol ac aeth i fan lle roedd y menywod yn fwyaf tebygol o gael eu gweld, ffynnon y dref, ac yno gweddïodd am arweiniad.

Roedd Rebeca yn brydferth ac yn gyfoethog, yn ferch i Bethuel, nai Abraham, ac yn chwaer i Laban. Dywedir wrthym bod ganddi nyrs, Debora, a sawl morwyn.

Cyrhaeddodd Rebeca y ffynnon cyn i Eleasar orffen gweddïo. Pan gynigiodd hi nôl dŵr iddo ef a'i gamelod, cymerodd Eleasar hyn fel arwydd gan yr Arglwydd a rhoddodd roddion iddi sef modrwy trwyn a dwy freichled aur ar gyfer ei garddyrnau. Mewn arwydd arall o haelioni, gwahoddodd Rebeca ef yn ôl i dŷ ei thad lle, ar ôl rhyfaint o drafod a lletygarwch helaeth a mwy o roddion (gemwaith, aur a brethyn), daeth y teulu i'r casgliad bod yr Arglwydd yn wir wedi bwriadu i Rebeca briodi Isaac. Gofynnwyd i Rebeca a oedd yn barod i adael ei chartref i fynd i wlad estron i briodi dieithryn, a chydsyniodd gydag ateb syml: 'Af' (Genesis 24:58).

Priododd Rebeca ac Isaac ac yn y pen draw, ar ôl beichiogrwydd anodd, esgorodd Rebeca ar efeilliaid, dau fachgen, sef Esau a Jacob. Roedd ei bechgyn yn wahanol iawn i'w gilydd, Esau yn heliwr cryf a Jacob yn dawelach ac yn berson mwy myfyrgar. Mae perthnasoedd teuluol yn gallu bod yn anodd ac yn aml mae cenfigen, cynnen a chystadleuaeth yn ffurfio'n gynnar. Nid oedd y teulu hwn yn eithriad, ac efallai ei fod wedi dechrau yn y fan hon: 'Yr oedd Isaac yn hoffi Esau … ond yr oedd Rebeca yn hoffi Jacob' (Genesis 25:28).

Tyfodd yr agendor teuluol pan nad oedd Rebeca yn cymeradwyo dewis Esau o wragedd ac yna cynllwyniodd i sicrhau y byddai Jacob yn cael bendith ei dad uwchlaw ei efaill hŷn. Arweiniodd y cynllwyn hwn at Jacob yn derbyn y fendith yr oedd gan ei frawd yr hawl iddi, ac ysgogodd gynnen frawdol a barhaodd am flynyddoedd lawer ac a olygodd fod yn rhaid i hoff fab Rebeca ffoi at ei brawd, Laban, am iddo gael ei alltudio.

Ni wyddom a wnaeth Rebeca fyw yn ddigon hir i weld ei hannwyl fab eto, neu a welodd ef yn cymodi â'i frawd. Y peth olaf yr ydym yn ei glywed amdani yw iddi gael ei chladdu gydag Isaac, Abraham a Sara yn y beddrod teuluol gerllaw coed deri Mamre.

Myfyrdod

Roedd Rebeca yn fenyw dduwiol oedd yn ddewr ac yn eofn ac nid oedd arni ofn mentro, siarad ei meddwl a defnyddio'r pŵer oedd ganddi i gael yr hyn oedd yn dymuno ei gael i'r rheiny yr oedd yn eu caru. Ond achosodd ei gweithredoedd wrthdaro o fewn ei theulu, ac roedd y gystadleuaeth rhwng ei meibion yn rhannol efallai oherwydd ffafriaeth eu rhieni. Canfu ymchwil ddiweddar a wnaed yn y DU fod 30% o bobl o'r farn bod gan eu rhieni hoff blentyn a'u bod yn credu bod hyn wedi cael effaith barhaol ar eu perthnasoedd teuluol.

Nid yw magu plant yn hawdd, ac felly dewch i ni weddïo dros bawb sydd yn troedio'r llwybr anodd hwn, ac sy'n gwneud rhywbeth o'i le ar adegau; a throsom ni ein hunain er mwyn i ni beidio â gadael i hen glwyfau lidio.

Gweddi

Dduw cariad, trwy Iesu Grist rwyt yn ein dwyn i mewn i un teulu mawr o ddisgyblion: helpa ni i weld eraill fel yr wyt ti'n eu gweld. Maddau i ni pan fydd ein gweithredoedd yn peri loes a rhaniadau, a helpa ni i garu'r rheiny yr ydym yn ei chael yn anodd cyd-dynnu â nhw. Amen.

5

Jochebed: y fam ddirgel

> Priododd gŵr o dylwyth Lefi ag un o ferched Lefi. Beichiogodd hithau ac esgor ar fab, a phan welodd ei fod yn dlws, fe'i cuddiodd am dri mis. Ond gan na allai ei guddio'n hwy, cymerodd gawell wedi ei wneud o lafrwyn a'i ddwbio â chlai a phyg; rhoddodd y plentyn ynddo a'i osod ymysg yr hesg ar lan y Neil. Yr oedd chwaer y plentyn yn sefyll nid nepell oddi wrtho er mwyn cael gwybod beth a ddigwyddai iddo.
> EXODUS 2:1–4

Moses yw'r proffwyd pwysicaf mewn Iddewiaeth ac un o'r rhai mwyaf arwyddocaol mewn Cristnogaeth ac Islam. Arweiniodd yr Israeliaid allan o gaethiwed yn yr Aifft, rhoddwyd y deg gorchymyn iddo, a thrwy hynny sefydlodd y gyfraith Iddewig, a chredir mai ef oedd awdur y Tora, pum llyfr cyntaf y Beibl. Ond heb ddewrder sawl merch efallai na fyddai wedi mynd y tu hwnt i ychydig fisoedd cyntaf ei fywyd. Byddwn yn clywed mewn pennod ddiweddarach am ddewrder bydwragedd yr Israeliaid yn atal babanladdiad. Yma rydym yn dysgu sut y daeth ei fam, ei chwaer a thywysoges Eifftaidd at ei gilydd mewn ffordd anarferol i ddiogelu ei fywyd.

Mae cael babi yn ystod cyfnod o ryfel neu erledigaeth yn brofiad brawychus, un y mae miliynau o ferched yn ei ddioddef bob blwyddyn. Roedd y sefyllfa yn enbyd. Roedd Pharo wedi cyhoeddi gorchymyn i lofruddio'r holl fabanod gwrywaidd Hebreaidd trwy eu taflu i mewn i'r afon Neil, ac roedd Jochebed wedi rhoi genedigaeth i 'faban tlws' yn ystod y cyfnod peryglus hwn.

Roedd Jochebed yn un o ferched Lefi, ac felly'n wyres i Jacob. Roedd yn briod ag Amram ac roedd ganddynt ddau blentyn hŷn, Aaron a Miriam. Llwyddodd i guddio ei baban newydd-anedig am dri mis, ond roedd hyn yn mynd yn amhosibl i'w gynnal. Roedd angen cynllun arall arni. Felly creodd gawell o lafrwyn a'i wneud yn ddiddos gyda chlai a phyg. Yna cymerodd y 'fasged moses' a'i chuddio gerllaw y man lle roedd y merched cyfoethog yn ymdrochi yn yr afon. Roedd ei merch, Miriam, wedi cael ei gosod i wylio dros y baban, a gallaf ddychmygu bod y fam a'i merch wedi gweddïo'n daer ar Dduw i'w ddiogelu. Ni allent fod wedi dychmygu y byddai ei achubiaeth yn dod o'r union fan lle roedd y perygl mwyaf i'w fywyd.

Roedd Bitheia, merch Pharo, yn ymdrochi yn yr afon gyda'i morynion a gwelodd y baban yn yr hesg. Pe byddai wedi dilyn rheolau ei thad, byddai wedi gorfod ei drosglwyddo i'r awdurdodau. Roedd yr hyn a wnaeth yn llawer mwy peryglus. Gan sylweddoli mai Hebread ydoedd, cymerodd drueni drosto a phenderfynu ei fabwysiadu. Roedd yn dal i fwydo ar y fron ac, mewn tro annisgwyl ac yn ateb i weddïau Jochebed, camodd Miriam, oedd wedi bod yn gwylio hyn i gyd yn digwydd, ymlaen a chynnig dod o hyd i laethfam i'r baban. Felly talwyd mam Moses i ofalu am ei phlentyn ei hun hyd nes ei fod yn oedolyn, yn ôl pob tebyg o ddiogelwch y palas brenhinol neu'r cyffiniau.

Myfyrdod

Gallwn ddychmygu llawenydd Jochebed wrth i'w mab tlws ddychwelyd, a'r llonder y byddent nawr yn gallu byw yn ddiogel, heb ofn. Mae ei stori'n ein hatgoffa o Fair wnaeth hefyd, dros fil o flynyddoedd yn ddiweddarach, orfod ffoi oddi wrth reolwr gormesol, sef Herod, i ddiogelu ei mab newydd-anedig, Iesu. Mae merched ar hyd a lled y byd yn aberthu bob dydd er mwyn sicrhau bod eu plant yn ffynnu. Mae llawer o'r gweithredoedd hyn yn rhai dinod ac nid ydynt yn denu sylw, fel y rheiny sydd â dwy swydd neu'n rhoi eu gyrfaoedd o'r neilltu am gyfnod. Weithiau mae'r aberth yn gostus iawn. Tra'n gweithio i elusen ar gyfer y digartref, rwy'n cofio cyfarfod â merch oedd wedi cynnig ei phlentyn i gael ei fabwysiadu am ei bod yn gwybod na fyddai'n gallu gofalu amdano. Roedd ei phenderfyniad yn boenus ac roedd yn amlwg ei fod yn deillio o gariad dwfn tuag at ei bachgen bach. Mae'r stori hon yn ein hatgoffa hefyd bod gofal am blant mor aml yn dod o gymuned yn gweithio gyda'i gilydd, ac felly meddyliwn am yr holl rieni maeth, gofalwyr seibiant, mamaethod a brodyr a chwiorydd sydd yn aml yn gwneud y gwaith gofalu er mwyn helpu plant i ffynnu.

Gweddi

Dduw Miriam a Jochebed,
rwyt yn gofalu am y rheiny y mae'r byd yn eu hanghofio
ac nid wyt byth yn anghofio anghenion dy bobl.
Bydd yn bresennol gyda phawb
sydd yn gwneud penderfyniadau arteithiol;
diogela blant sydd heb unrhyw un i'w diogelu;
bendithia'r rhai sy'n maethu,
yn mabwysiadu ac yn gofalu am blant;
a boed i holl aelodau dy deulu
fyw i'w gilydd mewn cariad ymroddgar. Amen.
Philippa White

6

Hanna: yr un a gododd

> Tra oedd hi [Hanna]'n parhau i weddïo gerbron yr Arglwydd, yr oedd Eli'n dal sylw ar ei genau. Gan mai siarad rhyngddi a hi ei hun yr oedd Hanna, dim ond ei gwefusau oedd yn symud, ac nid oedd ei llais i'w glywed. Tybiodd Eli ei bod yn feddw, a dywedodd wrthi, 'Am ba hyd y byddi'n feddw? Ymysgwyd o'th win.' Atebodd Hanna, 'Nage, syr, gwraig helbulus wyf fi; nid wyf wedi yfed gwin na diod gadarn; arllwys fy nghalon gerbron yr Arglwydd yr oeddwn.'
> 1 SAMUEL 1:12–15

Mae hanes nifer o ferched yn yr ysgrythurau yn canolbwyntio ar eu hanffrwythlondeb a'u dyhead dwfn am blentyn. Yr oedd bod yn briod ond yn ddi-blant mewn cymdeithas batriarchaidd yn warth cymdeithasol o'r mwyaf, ac ar aelod benywaidd y bartneriaeth y rhoddid y bai gan amlaf. Nid oedd y pwysau ar ferch i feichiogi, fel y gwelwn yn hanes Hanna, wastad yn dod oddi wrth y gŵr. Deuai'n aml gan ferched eraill o'u cwmpas, a oedd yn gallu bod yn annioddefol o greulon. Yr oedd merched di-blant yn aml yn cael eu pitïo a'u gwahardd o gymdeithas wrth i'w cyfoedion droi cefn arnyn nhw.

Roedd Hanna'n byw yn Israel pan oedd Eli yn archoffeiriad. Roedd hi'n briod ag Elcana, a oedd, oherwydd bod amlwreigiaeth yn norm cymdeithasol, hefyd yn briod â Peninna. Cawn eu hanes yn 1 Samuel 1:2: 'Yr oedd plant gan Peninna ond nid gan Hanna.' Gallai Peninna fod yn angharedig: 'Byddai … yn ei phoenydio'n arw i'w chythruddo am fod yr Arglwydd wedi atal iddi gael plant' (1 Samuel 1:6). Digwyddai hyn 'bob blwyddyn', yn enwedig wrth i Hanna fynd i addoli yng nghysegr yr Arglwydd. Roedd Hanna'n isel ei hysbryd, a byddai'n 'wylo a gwrthod bwyta' (1 Samuel 1:7).

Byddai bwlio person hyd nes i'w lles ac iechyd meddwl ddirywio i'r fath raddau heddiw'n cael ei ystyried yn aflonyddu ar rywun. Ymddengys bod Elcana wedi ceisio bod yn gefnogol, ond nid oedd wedi deall y sefyllfa o gwbl. Byddai'n rhoi mwy o fwyd i Hanna na neb am 'mai hi a garai', ond nid oedd yn gweld beth oedd achos y boen a deimlai: 'Hanna, pam yr wyt ti'n wylo a gwrthod bwyta? Pam yr wyt yn torri dy galon? Onid wyf fi'n well i ti na deg o feibion?' (1 Samuel 1:8).

Gyda dau air grymus, daw trobwynt yn yr hanes: 'cododd Hanna' (1 Samuel 1:9). Er gwaethaf ei thristwch a'r ffaith iddi gael ei chystuddio gan Peninna bob tro yr âi, llwyddodd Hanna i ddod o hyd i'r nerth i godi a mynd i'r deml i weddïo. Un diwrnod, roedd yn arllwys ei chalon gyda chymaint o arddeliad fel bod Eli, offeiriad y deml, yn meddwl ei bod hi wedi meddwi. Addawodd Hanna, pe bai Duw yn rhoi iddi blentyn, y byddai'n ad-dalu'r fendith drwy gynnig y plentyn yn ôl i'r Arglwydd drwy ei roi i fyw a gweithio yn y deml. Atebwyd ei gweddïau a glynodd at ei haddewid i'r Arglwydd. Pan oedd ei phlentyn, Samuel (sy'n golygu 'mae Duw wedi clywed') tua thair oed ac wedi'i ddiddyfnu, aeth ag ef i'r deml, lle'i magwyd o dan arweiniad Eli. Byddai Hanna'n ymweld ag ef bob blwyddyn gyda rhodd o ddillad yr oedd wedi'u gwneud yn arwydd o'i chariad tuag ato fel mam. Daeth Hanna'n fam i bum plentyn arall wedi hynny, a daeth Samuel yn un o broffwydi pennaf Israel.

Myfyrdod

> Ond y mae'r trysor hwn gennym mewn llestri pridd, i ddangos mai eiddo Duw yw'r gallu tra rhagorol, ac nid eiddom ni. Ym mhob peth yr ydym yn cael ein gorthrymu ond nid ein llethu, ein bwrw i ansicrwydd ond nid i anobaith.
> 2 CORINTHIAID 4:7–8

Daw adegau yn ein bywyd pan ymddengys bod pawb a phopeth yn ein herbyn, pan na ddaw ateb i'n gweddïau, a phan fydd ein calonnau ninnau, fel Hanna, yn drist. Gall hyn fod yn anos o lawer pan fydd y rheiny sy'n agos atom yn angharedig a chreulon, a phan na fydd eraill yn dirnad ein sefyllfa. Bydd unrhyw un sydd wedi byw drwy iselder neu salwch meddwl yn gallu uniaethu â'r rhwystredigaeth y byddai Hanna wedi'i phrofi wrth glywed ymgais anobeithiol Elcana i'w chefnogi: 'Pam yr wyt yn torri dy galon? Onid wyf fi'n well?' Mae troi at weddi mewn oriau tywyll o'r fath yn anodd, ond daeth Hanna o hyd i'r nerth i godi a bod yn onest gyda Duw, er gwaetha'r ffaith y gallai fod wedi edrych yn ffôl wrth wneud hynny. Gadewch inni weddïo dros y rheiny sy'n brwydro yn erbyn iselder, a chael ein calonogi gan yr addewid yn 2 Corinthiaid 4 na chawn ni ein llethu'n llwyr gan anobaith.

Gweddi

Hollalluog a thragwyddol Dduw,
cysur y rhai sy'n drist a nerth y sawl sy'n dioddef;
caniatâ i weddïau dy blant sy'n llefain yn eu henbydrwydd ddyfod atat;
ac i bob enaid sy'n drallodus
rho dosturi, rho ryddhad, rho adnewyddiad;
trwy Iesu Grist ein Harglwydd. Amen.
Llyfr Gweddi Gyffredin

7

Rispa: fe gadwodd wylnos

> Syrthiodd y saith ohonynt gyda'i gilydd. Lladdwyd hwy yn nyddiau cyntaf y cynhaeaf, ar ddechrau'r cynhaeaf haidd. Cymerodd Rispa ferch Aia sachliain a'i daenu ar y graig iddi ei hun o ddechrau'r cynhaeaf hyd oni lawiodd diferion o'r awyr ar y cyrff. Ni adawodd i'r un aderyn rheibus ddisgyn arnynt liw dydd, nac anifail gwyllt liw nos.
> 2 SAMUEL 21:9b–10

Rai blynyddoedd yn ôl, fe ymwelon ni â rhai o fynwentydd y Rhyfel Byd Cyntaf. Daeth dagrau lu wrth imi weld y rhesi o gerrig beddi yn symbol o'r holl fywydau ifanc a gollwyd. Nid oes dim byd yn dod â mwy o boen i riant na cholli plentyn.

Nid stori i'r gwangalon yw hanes Rispa, oherwydd cawn yma ferch a oedd wedi'i dal yng nghanol rhyfel gwaedlyd. Mae rhannau helaeth o'r Hen Destament yn croniclo'r hyn sy'n ymddangos fel nifer ddiddiwedd o ryfeloedd a brwydrau, gyda hanesion gwirioneddol arswydus am artaith a dial.

Mae Rispa yn enghraifft o gariad mam sydd, hyd yn oed mewn amgylchiadau cwbl drallodus, yn gwrthod gadael i'w meibion fod yn destun gwarth ar ôl iddynt golli eu bywydau. Yn Israel gynt, ystyrid bod claddedigaeth barchus yn arwydd o fendith Duw, tra bod gadael corff heb ei gladdu yn gosb am beidio ag ufuddhau i'r cyfamod: 'Bydd dy gelain yn bwydo holl adar yr awyr a bwystfilod y ddaear, heb neb i'w tarfu' (Deuteronomium 28:26).

Un o ordderchwragedd Saul oedd Rispa, ac roedd ganddi ddau fab. Wedi marwolaeth Saul, roedd Abner, un o gapteiniaid byddin Saul, yn awyddus i'w chanlyn. Ni wyddom yn union beth ddigwyddodd, ond daw'n glir fod Isboseth, mab Saul, wedi cyhuddo Abner o gysgu gyda Rispa mewn ymgais i gipio grym. Cythruddwyd Abner ac, o'r herwydd, dechreuodd gefnogi Dafydd, a oedd eisoes yn dod yn fwyfwy pwerus.

Bu rhyfel hir rhwng llwythi Saul a Dafydd, cyn i newyn felltithio'r ardal – ardal a oedd eisoes wedi'i dinistrio gan frwydro. Y gred mewn diwylliannau hynafol oedd bod trychineb naturiol yn arwydd o anfodlonrwydd yr Arglwydd. Clywodd Dafydd gan yr Arglwydd mai'r hyn a barodd y newyn oedd y ffaith bod Saul, nifer o flynyddoedd ynghynt, wedi cefnu ar lw a wnaeth gyda phobl Gibeon. Am ei fod yn dymuno gwneud yn iawn am hynny, holodd Dafydd bobl Gibeon beth a fynnent. Marwolaeth saith o feibion Saul oedd eu hateb, gan mai dial oedd eu bwriad. Rhoddodd Dafydd iddynt feibion Rispa, ynghyd â phump o wyrion Saul, 'a chrogasant hwythau hwy yn y mynydd o flaen yr Arglwydd' (2 Samuel 21:9). Er mwyn dwyn rhagor o gywilydd arnynt, cafodd eu cyrff eu gadael yn crogi yn y fan lle buont farw.

Ni allwn ond dychmygu galar y mamau wrth iddynt weld y ffordd giaidd y lladdwyd eu plant ac yna wrth iddynt gael eu hatal rhag dilyn defodau claddedigaeth. Ni wnaeth Rispa adael ei meibion, a bu'n gwylio drostynt o graig gerllaw. Gwnaeth yn siŵr na fyddai'r cyrff yn cael eu halogi ac, am ryw chwe mis, 'Ni adawodd i'r un aderyn rheibus ddisgyn arnynt liw dydd, nac anifail gwyllt liw nos.'

Mae'n rhaid bod ei gwylnos hir wedi creu cynnwrf, oherwydd fe glywodd Dafydd amdani yn y pen draw a newid ei feddwl. Trefnodd fod y cyrff yn cael eu claddu wrth ymyl cyrff Saul a Jonathan ym meddrod y teulu. Bryd hynny y daeth diwedd ar y cyfnod hir o newyn.

Myfyrdod

> Ond yn ymyl croes Iesu yr oedd ei fam ef yn sefyll gyda'i chwaer, Mair gwraig Clopas, a Mair Magdalen.
> IOAN 19:25

Mae hanes Rispa yn ein hatgoffa am fam arall a safodd ac a wyliodd ei mab diniwed yn marw. Nid oedd gan Mair, fel Rispa o'i blaen, unrhyw rym i newid yr hyn a arweiniodd at farwolaeth ei mab ar y pren. Dim ond sefyll gerllaw a gwylio'r olygfa ddychrynllyd y gallai'r merched yma ei wneud. Ond peth pwerus yw dewis aros, yn hytrach na dianc rhag y dioddef, a dyma ddewis a wneir gan ferched bob dydd wrth iddynt ofalu am blentyn anhwylus, wrth ymweld â phlentyn yn y carchar ac wrth drefnu claddedigaeth plentyn. Gadewch inni weddïo dros y rheiny sy'n dewis aros hyd yn oed pan fydd gwneud hynny'n annioddefol o boenus.

Gweddi

Gwylia, Arglwydd annwyl,
gyda'r rhai hynny sy'n effro, yn gwylio neu'n wylo heno,
a rho'r rhai sy'n cysgu yng ngofal dy angylion.
Ymgeledda dy gleifion, O Arglwydd Grist;
i'r rhai blinedig, dyro orffwys,
i'r rhai sy'n marw, dyro fendith,
i'r rhai sy'n dioddef, dyro esmwythâd.
Tosturia wrth dy rai cystuddiedig.
Gwarchod dy rai llawen.
A hynny er mwyn dy gariad di dy hun,
Amen.
Awstin o Hippo (354–430)
Gweddïau Enwog, gol. Cynthia Davies

8

Y weddw o Sareffath: rhoi a derbyn

A daeth gair yr Arglwydd ato [at Elias]: 'Cod a dos i Sareffath, sydd yn perthyn i Sidon, ac aros yno; wele, yr wyf yn peri i wraig weddw yno dy borthi.' Cododd a mynd i Sareffath, a phan gyrhaeddodd borth y dref, yno'r oedd gwraig weddw yn casglu priciau; galwodd arni a dweud, 'Estyn imi gwpanaid bach o ddŵr, imi gael yfed.'
1 BRENHINOEDD 17:8–10

Rwyf yn gwirfoddoli yn y banc bwyd lleol, sy'n rhoi cynhaliaeth y mae mawr ei hangen ar nifer gynyddol o bobl sy'n ei chael hi'n anodd darparu bwyd i'w teuluoedd. Emily yw un o'r rhai sy'n rhoi o'i hamser fwyaf i helpu yn y banc bwyd, ar ôl iddi hi ei hun dderbyn bwyd gan y banc ryw flwyddyn yn ôl. Roedd gŵr Emily wedi'i gadael i ofalu am ei phum plentyn ar ei phen ei hun, ac yna fe gollodd hi ei swydd. Anodd, felly, oedd cael deupen llinyn ynghyd, ond roedd Emily'n benderfynol y byddai'n helpu eraill yn yr un sefyllfa â hi cyn gynted ag y gallai, ac fe gadwodd at ei gair.

Yn y stori hon down i gwrdd â gweddw a phroffwyd, y ddau'n llwgu ac mewn angen, a'r ddau'n helpu'i gilydd mewn ffordd ryfeddol. Roedd 'y weddw o Sareffath' yn gorfod gofalu am ei phlentyn ifanc ar ei phen ei hun wedi i'w gŵr farw. Ahab oedd brenin Israel ar y pryd, a 'Gwnaeth Ahab … fwy o ddrwg yng ngolwg yr Arglwydd na phawb o'i flaen' (1 Brenhinoedd 16:30). Proffwydodd Elias y byddai anufudd-dod Ahab yn arwain at gyfnod o sychder, a daeth ei broffwydoliaeth yn wir. Roedd yr ardal ffyniannus hon bellach yn dioddef wrth i fwyd brinhau ac wrth i bobl fregus, fel y weddw hon, ymdrechu i'r eithaf i oroesi. Yn ystod y sychder roedd Elias wedi bod yn byw o'r llaw i'r genau ar lannau nant fechan, yn cael ei fwydo gan gigfrain. Ond fe sychodd y nant yn llwyr, ac fe drodd Elias at Dduw am gymorth, gan ddilyn ei gyfarwyddyd i fynd i Sareffath.

Cyfarfu'r ddau, a oedd ar eu cythlwng erbyn hyn, wrth borth y ddinas, lle roedd y weddw'n casglu coed tân er mwyn paratoi'r hyn a dybiai a fyddai'n bryd bwyd olaf i'w mab a hithau, a hwythau ar newynu. Gofynnodd y proffwyd sychedig am ddŵr, a rhoddodd y weddw ddŵr iddo. Ond gofynnodd am ragor: 'A thyrd â thamaid o fara imi yn dy law' (1 Brenhinoedd 17:11). Gofyn am 'damaid' wnaeth Elias, ond yr oedd hyn yn ormod i'r weddw: 'Nid oes gennyf yr un dorth, dim ond llond dwrn o flawd yn y celwrn a diferyn o olew yn y stên' (1 Brenhinoedd 17:12).

Annisgwyl oedd ymateb Elias i sefyllfa dlawd y weddw. Dywedodd wrthi am fynd adref i baratoi'r pryd olaf hwn, ond cyn gwneud hynny gofynnodd iddi ddefnyddio'r 'llond dwrn' o flawd a'r 'diferyn o olew' er mwyn crasu bara iddo ei fwyta. Addawodd Elias y byddai ganddi ddigon nid ar gyfer un diwrnod yn unig, ond hyd nes y deuai'r newyn i ben. Ufuddhaodd y weddw 'a chafodd ef a hi a'i theulu fwyd am amser. Nid aeth y celwrn blawd yn wag na'r stên olew yn sych' (1 Brenhinoedd 17:15–16).

Ond nid dyma ddiwedd hanes y weddw, oherwydd daeth sefyllfa alaethus arall i'w rhan wrth i'w mab ddioddef salwch a marw. Llefodd gerbron Elias, a oedd erbyn hyn yn lletya yn ei chartref: 'Beth sydd gennyt yn f'erbyn, ŵr Duw?' (1 Brenhinoedd 17:18). Nid geiriau oedd gan Elias yn ymateb, ond gweithredoedd. Gafaelodd yn y mab a'i gario i'r llofft. Galwodd ar yr Arglwydd ac, mewn gweithred ryfeddol o ffydd, 'ymestynnodd ar y bachgen' a gweddïo. Cafodd y weddi ei hateb; roedd y mab yn fyw. 'Edrych, y mae dy fab yn fyw' (1 Brenhinoedd 17:23).

Myfyrdod

Cawn adlais o hanes y weddw ac Elias mewn sawl man yn nysgeidiaeth a gwyrthiau Iesu Grist, ond caf fy atgoffa hefyd am y weddw a roddodd bob ceiniog oedd ganddi at gasgliad y deml. Dywedodd Iesu amdani, 'Yn wir, rwy'n dweud wrthych fod y weddw dlawd hon wedi rhoi mwy na phawb. Oherwydd cyfrannodd y rhain i gyd o'r mwy na digon sydd ganddynt, ond rhoddodd hon o'i phrinder y cwbl oedd ganddi i fyw arno' (Luc 21:3–4).

Dywed rheolwr y banc bwyd wrthyf mai eglwysi a chymunedau tlotach yn aml yw'r rhai sy'n rhoi yn fwyaf hael. Roedd dyddiau tywyll Covid yn debyg i gyfnod o sychder, pan fu syched arnom am gwmni pobl ac am y pethau sy'n gwneud lles i ni. Roedd bwydo'u teuluoedd yn anodd i nifer fawr o bobl bryd hynny, a phobl dlawd sy'n dioddef fwyaf o hyd. Efallai fod y stori hon yn fodd i'n hatgoffa ni i gyd i fod yn hael gyda'r hyn sydd gennym, a gallwn weddïo hefyd y bydd Duw yn trawsnewid yr hyn a gynigiwn yn doreth o fendithion i eraill.

Gweddi

Dysg ni, Arglwydd,
i'th wasanaethu fel yr haeddi;
i roi heb gyfri'r gost;
i frwydro heb ystyried y clwyfau;
i weithio heb geisio gorffwys;
i lafurio heb ddisgwyl unrhyw wobr
ond gwybod ein bod yn gwneud dy ewyllys di. Amen.
Gweddi Sant Ignatius o Loyola (1491–1556)
Gweddïau Enwog, gol. Cynthia Davies

Merched proffwydol

Proffwyd yw dyn neu ferch a alwyd gan Dduw i siarad ar ran Duw. Y gair Hebraeg am broffwyd yw *nabi* (gwryw) neu *nebiah* (benyw) sydd yn deillio o'r gair *naba* sef 'galw'. Rydym llawer mwy cyfarwydd â'r *nabi* gwryw yn yr Hen Destament, megis Moses, Eseia a Jeremeia. Er mai dim ond at ychydig o ferched proffwydol y cyfeirir yn yr ysgrythurau Hebraeg, nid yw'r testun yn awgrymu eu bod yn arbennig o anarferol, felly gall fod eraill nad yw eu hanesion wedi goroesi. Mae gan Miriam, Debora a Hulda ddoniau gwahanol iawn, ond maent yn dangos bod Duw wedi bod yn siarad drwy ddefnyddio merched ers llawer o ganrifoedd.

9

Miriam: y broffwydes lawen

> Pan aeth meirch Pharo a'i gerbydau a'i farchogion i mewn i'r môr, gwnaeth yr Arglwydd i ddyfroedd y môr ddychwelyd drostynt; ond cerddodd yr Israeliaid trwy ganol y môr ar dir sych. Yna cymerodd Miriam y broffwydes, chwaer Aaron, dympan yn ei llaw, ac aeth yr holl wragedd allan ar ei hôl a dawnsio gyda thympanau. Canodd Miriam gân iddynt: 'Canwch i'r Arglwydd am iddo weithredu'n fuddugoliaethus; bwriodd y ceffyl a'i farchog i'r môr.'
> EXODUS 15:19–21

Ym Mai 2020 aeth dyn o'r enw Archie Williams ar raglen *America's Got Talent* ac adrodd ei stori bwerus. Roedd newydd gael ei ryddhau o'r Angola State Penitentiary, un o garchardai mwyaf llym Louisiana, ble bu am 37 mlynedd wedi ei garcharu ar gam am dreisio a cheisio llofruddio. Ni chyflwynwyd unrhyw dystiolaeth yn ei osod yn agos i leoliad y drosedd, ond fel dyn du tlawd nid oedd yn gallu ymladd yn erbyn y gyfundrefn gyfreithiol. Wedi degawdau yn y carchar cafwyd ef yn ddieuog drwy ailarchwilio'r dystiolaeth DNA. Dywedodd wrth y gynulleidfa dawel ei fod wedi goroesi drwy weddïo a thrwy ganu.

Mae grym aruthrol mewn cân, fel y tystia cenedlaethau o bobl orthrymedig, ac felly nid syndod yw deall mai'r peth cyntaf mae'r Israeliaid yn ei wneud wedi eu rhyddhau yw canu. Hwyrach ei fod yn fwy o ryfeddod clywed mai merch yw un o'r arweinwyr addoliad cyntaf y cyfeirir atynt yn y Beibl. Miriam oedd chwaer hŷn Moses. Mae'n debygol mai hi oedd yr un oedd yn ei warchod yn fabi bregus yn y llafrwyn ac a sicrhaodd ei ddiogelwch.

Un o'r hanesion sy'n diffinio traddodiad y ffydd Iddewig-Gristnogol yw'r ecsodus, yr hanes am y modd yr arweiniodd Duw ei bobl o gaethiwed ac i ryddid. Mae'n cael ei ailadrodd mewn ffyrdd gwahanol drwy'r ysgrythur, o ryddhad yr Israeliaid dan orthrwm y Pharoaid yn yr Aifft, i ryddhad o erledigaeth yn adeg Esther ac i ryddid i bawb drwy Iesu Grist. Galwyd Moses gan Dduw, gyda'i frawd Aaron, i wynebu Pharo a gofyn am ryddid i'r Israeliaid (Exodus 3:1–10). Cymerodd ddeg pla i reolwr yr Aifft ildio, a hyd yn oed wedyn, newidiodd ei feddwl a mynd ar ôl yr Israeliaid wrth iddynt ddianc drwy'r Môr Coch. Cyrhaeddodd yr Israeliaid ryddid pan agorodd y môr yn wyrthiol, gan ganiatáu iddynt ddianc, a dinistrio yr erlidwyr yn y môr stormus.

Pan gyrhaeddon nhw'r tir, dyma ganu cân o foliant a rhyddid, ac arweiniwyd y merched mewn addoliad gan 'Miriam y broffwydes' a gymerodd 'dympan yn ei llaw' ac a 'ganodd … gân iddynt'. Mae'n rhyfeddol eu bod wedi cofio eu hofferynnau cerdd wrth iddynt ffoi o'r Aifft, gan nad oedd ganddynt amser hyd yn oed i aros i does y bara godi. Roedd fel petaent yn gwybod y byddai amser i ddathlu eto rhyw ddydd, a'u bod eisiau sicrhau eu bod yn barod.

Bu farw Miriam mewn cyfnod o sychder yn anialwch Sin, ac fe gofiwyd amdani ymhen blynyddoedd gan y proffwyd Micha fel un o'r tri proffwyd mawr (ynghyd â Moses ac Aaron) a anfonwyd gan Dduw i waredu ei bobl o gaethiwed.

Myfyrdod

Cefais fy nharo gan bwysigrwydd cân yn ystod y pandemig Covid-19 byd-eang. I nifer o bobl o ffydd, roedd y llyffethair o fethu canu fel cynulleidfa yn un o'r colledion anoddaf i'w dioddef. Hwyrach mai'r rheswm am hyn yw ein bod yn gwybod pa mor bwysig yw uno mewn moliant ac addoliad ar adegau o boendod a dioddefaint. Oherwydd hyn, does dim syndod bod cerddoriaeth wedi tyfu i fod yn falm i lawer, a'r fendith offeiriadol a adroddwyd gan Aaron, brawd Miriam, wedi dod yn anthem y cyfnod. Rhoddwyd ei eiriau i gerddoriaeth ac fe'u canwyd gan 'gorau rhithiol' drwy'r byd:

> Bydded i'r Arglwydd dy fendithio a'th gadw;
> bydded i'r Arglwydd lewyrchu ei wyneb arnat,
> a bod yn drugarog wrthyt;
> bydded i'r Arglwydd edrych arnat, a rhoi iti heddwch.
> NUMERI 6:24–26

Gadewch inni fod yn ddiolchgar am gerddorion a phawb sydd yn ein harwain mewn addoliad a moliant, yn enwedig ar adegau o galedi.

Gweddi

O Dduw, yr hwn y mae'r seintiau a'r angylion wrth eu bodd yn ei addoli yn y nefoedd:
Bydd wastad yn bresennol gyda'th weision, sydd yn ceisio drwy gelf a cherdd berffeithio y clodydd a roddir iti gan dy bobl ar y ddaear;
a rho iddynt hyd yn oed yr awr hon gipolwg o dy harddwch,
a gwna hwy yn deilwng ymhen amser i weld d'ogoniant yn ei gyflawnder am byth bythoedd; drwy Iesu Grist ein Harglwydd.
Amen.
Gweddi dros Gerddorion ac Artistiaid yr Eglwys,
Llyfr Gweddi Gyffredin

10

Debora: y farnwres ryfelgar

> Proffwydes o'r enw Debora gwraig Lappidoth oedd yn barnu Israel yr adeg honno. Byddai'n eistedd dan balmwydden Debora, rhwng Rama a Bethel ym mynydd-dir Effraim, a byddai'r Israeliaid yn mynd ati am farn. Anfonodd hi am Barac fab Abinoam o Cedes Nafftali, a dweud wrtho, 'Onid yw'r Arglwydd, Duw Israel, yn gorchymyn iti? Dos, cynnull ddeng mil o ddynion o lwythau Nafftali a Sabulon ar Fynydd Tabor, a chymer hwy gyda thi. Denaf finnau, i'th gyfarfod wrth nant Cison, Sisera, capten byddin Jabin, gyda'i gerbydau a'i lu; ac fe'u rhoddaf yn dy law.' Ond dywedodd Barac wrthi, 'Os doi di gyda mi, yna mi af; ac os na ddoi di gyda mi, nid af.'
> BARNWYR 4:4–8

Ada Jane Summers yn Rhagfyr 1919 oedd y ferch gyntaf o Brydain i lywyddu fel ynad mewn achos llys. Mae llawer wedi newid ers hynny, ac erbyn heddiw mae dros hanner yr ynadon yn ferched, ond maent yn parhau wedi eu tangynrychioli ar draws y farnwriaeth, nid yn unig yn y DU ond ledled y byd. Bu'r Arglwyddes Brenda Hale, un o brif farnwyr y DU, yn llafar o blaid gwell cynrychiolaeth o ran rhywedd yn y proffesiwn. Mewn araith i ddathlu canmlwyddiant merched yn y gyfraith, soniodd am reol yn UDA a oedd yn gwahardd merched o rai swyddi. Nodai'r rheol fod 'y swildod a'r tynerwch naturiol sydd yn perthyn i'r rhyw fenywaidd yn amlwg yn eu gwneud yn anghymwys i nifer o alwedigaethau mewn bywyd sifil'.[1]

Nid oedd yr awdur mae'n amlwg wedi darllen am Debora, yr unig farnwr benywaidd a grybwyllir yn y Beibl. Roedd Debora yn hynod. Nid yn unig am mai hi oedd y proffwyd cyntaf – gwryw neu fenyw – i'w gofnodi yn Israel ers amser Moses, ond hi hefyd oedd yr unig ferch y gwyddom iddi gael ei galw gan Dduw i safle o awdurdod sifil yn Israel. Ei swydd fel barnwres oedd cynnal llys 'dan balmwydden Debora', lle y byddai'n gyfryngwr mewn anghydfod, yn rhoi cyngor strategol mewn anghytundeb ac yn cyfleu ewyllys Duw i'r gymuned. Roedd yn arweinydd doeth, a bu ei meddwl strategol disglair yn gymorth i sicrhau buddugoliaeth bwysig yn erbyn gelynion Israel.

Erbyn hyn roedd pobl Israel wedi'u trefnu'n grwpiau llac o dylwythau oedd yn dysgu sut i fyw mewn modd mwy sefydlog o dan gyfamod Duw. Mae Llyfr y Barnwyr yn adrodd am gylchoedd o wrthryfela a gwaredigaeth sydd yn dilyn y patrwm sylfaenol hwn: mae'r bobl yn anffyddlon ac yn troi i addoli duwiau eraill; mae Duw yn gwylltio ac yn eu trosglwyddo i'w gelynion sydd yn eu gormesu; mae'r bobl yn deisyfu tosturi, ac mae Duw yn anfon 'barnwr' ysbrydoledig sydd yn eu hachub; mae bywyd normal yn bodoli am ychydig o amser, ond yna maent yn anghofio am Dduw ac yn ailddechrau addoli Baal neu dduwiau eraill, ac mae'r cylch yn ailgychwyn.

Mae hanes Debora yn dilyn y patrwm hwn. Ar ôl gwrthryfela yn erbyn Duw, gormeswyd yr Israeliaid am 20 mlynedd gan Jabin, brenin y Canaaneaid. Roedd brwydr wedi dechrau. Arweinydd byddin Jabin oedd Sisera, cadfridog cryf oedd yn rheoli milwyr proffesiynol a cherbydau rhyfel. Gan fod byddin Israel, o dan arweiniad Barac, yn llawer gwannach ac yn debygol o golli'r frwydr galwodd yr Israeliaid ar yr Arglwydd am gymorth. Cynllun Debora oedd y dylai'r Israeliaid feddiannu Mynydd Tabor, yn uchel uwchben gwersyll Sisera. Dywedodd wrthynt fod Duw wedi clywed eu cri ac mai dyma oedd ei gynllun dwyfol i'w hachub, a chytunodd Barac ar yr amod ei bod hi yn mynd gydag ef.

Cytunodd Debora i gais Barac, ac aeth gydag ef i'r frwydr, ond nid cyn ei rybuddio y byddai'n wybyddus mai 'i law gwraig y mae'r Arglwydd am werthu Sisera' (Barnwyr 4:9). Roedd strategaeth Debora'n llwyddiannus. Difaodd fflachlifogydd gerbydau Sisera, gan roi mantais dactegol i'r Israeliaid oedd yn ddiogel yn y mynyddoedd. Dyma fuddugoliaeth fawr i bobl Dduw: 'Cwympodd holl fyddin Sisera o flaen y cleddyf, heb adael cymaint ag un' (Barnwyr 4:16). Dim ond Sisera a oroesodd. Cerddodd o faes y gad gan ffoi i fan diogel, yn ei dyb ef, lle cyfarfu â Jael, merch arall a ddangosodd nad yw 'swildod a thynerwch' yn rhinweddau sy'n perthyn i bob merch!

Myfyrdod

Dywedodd Y Panel Ymgynghorol ar Amrywiaeth yn y Farnwriaeth (2010) 'y dylai'r farnwriaeth, mewn cymdeithas ddemocrataidd, adlewyrchu'r amrywiaeth mewn cymdeithas'.[2] Mae merched fel Ada Jane Summers a'r Arglwyddes Brenda Hale wedi bod ar flaen y gad dros weld mwy o ferched yn y farnwriaeth. Hwyrach eu bod wedi eu hysbrydoli gan Debora o'u blaen. Nid yw'n hawdd bod mewn lleiafrif mewn unrhyw broffesiwn, ac felly rhown ddiolch am y rhai sydd wedi braenaru'r tir i eraill ddilyn.

Gweddi

O Dduw cyfiawnder, gweddïwn ar i ti ein harwain ar hyd ffyrdd cyfiawnder a heddwch: symbyla ni i gael gwared o orthrwm ac anghyfiawnder, i sicrhau tegwch i bawb, a gwasanaeth teilwng gan bawb, fel ein bod yn byw i'n gilydd, ac yn gofalu am ein gilydd, yn enw ein Harglwydd Iesu Grist. Amen.
Yr Archesgob William Temple (1881–1944)

11

Hulda: proffwydes barn

> Dywedodd hi [Hulda] wrthynt, 'Fel hyn y dywed yr Arglwydd, Duw Israel. Dywedwch wrth y sawl a'ch anfonodd ataf, "Fel hyn y dywed yr Arglwydd: Yr wyf yn dwyn drwg ar y lle hwn a'i drigolion, popeth sydd yn y llyfr a ddarllenodd brenin Jwda, am eu bod wedi fy ngwrthod ac wedi arogldarthu i dduwiau eraill, i'm digio ym mhopeth a wnânt; y mae fy nig wedi ei ennyn yn erbyn y lle hwn, ac nid oes a'i diffydd."'
> 2 BRENHINOEDD 22:15–17

Mae yna adegau mewn bywyd pan gawn newyddion nad ydym am eu clywed, newyddion yr ydym yn gwybod fydd yn newid ein bywydau o hynny ymlaen: diagnosis o afiechyd marwol, marwolaeth anwyliaid, pandemig byd-eang. Pan roddwyd llawysgrif golledig y cafwyd hyd iddi yn adfeilion y deml i'r Brenin Joseia, fe sylweddolodd fod ei fywyd ef a'i holl bobl ar fin cael eu trawsffurfio. Roedd yn newyddion drwg. Hulda y broffwydes gafodd y dasg o gyfleu hyd a lled y newyddion drwg.

Roedd Hulda yn hannu o Jwda ac yn byw yn Jerwsalem gyda'i gŵr Salum. Ef oedd 'ceidwad y wardrob', swydd a oedd yn golygu, mae'n debyg, edrych ar ôl gwisgoedd yr offeiriaid, yn debyg i waith 'verger' yn ein heglwysi heddiw. Roedd yn gyfnod helbulus, gyda'r brenhinoedd yn ymdrybaeddu mewn cylchoedd di-ben-draw a diddiwedd o lygredd a chreulondeb, tra'n teyrnasu dros wledydd rhanedig Israel a Jwda. Yn ystod y cyfnod hwn dadfeiliodd y deml, troes y bobl unwaith eto at eilunaddoliaeth, ac anghofiwyd am ddeddfau a chyfreithiau Moses.

Joseia oedd un o'r ychydig frenhinoedd a 'wnaeth yr hyn oedd uniawn yng ngolwg yr Arglwydd' (2 Brenhinoedd 22:2), sef teyrnasu gyda chyfiawnder a thegwch, sicrhau bod y gweithwyr oedd yn ailadeiladau'r deml yn cael eu talu, a bod cyfrifon y deml yn gywir. Serch hyn oll, nid oedd yn ddigon i atal y drychineb oedd i ddod.

Pan glywodd y brenin y geiriau o'r llawysgrif a ddarganfuwyd sef 'llyfr y gyfraith' (Llyfr Deuteronomium), sylweddolodd gydag edifeirwch pa mor bell oedd ei bobl wedi ymbellhau oddi wrth ewyllys Duw. Roedd o eisiau deall mwy, a gan bod Hulda yn amlwg yn adnabyddus yn y gymuned fel proffwydes, anfonodd ei offeiriaid ati hi gan ofyn am gymorth i ddehongli beth oeddynt yn ei ddarllen. Siaradodd Hulda gydag awdurdod, eglurder a hyfdra, ac ni chuddiodd ddifrifoldeb yr hyn yr oedd yr Arglwydd yn ei ddweud oddi wrthynt, sef y byddai Jwda yn cael ei ddifa cyn hir: 'Am eu bod wedi fy ngwrthod ac wedi arogldarthu i dduwiau eraill, i'm digio ym mhopeth a wnânt; y mae fy nig wedi ei ennyn yn erbyn y lle hwn, ac nid oes a'i diffydd.'

Yr unig newyddion da i Joseia oedd y byddai'r difrod anochel yn cael ei ohirio tan ar ôl ei farwolaeth oherwydd ei edifeirwch a'i ostyngeiddrwydd. Daeth geiriau proffwydol Hulda i fod, ac yn fuan wedi marwolaeth Joseia dinistriwyd teyrnas Jwda gan ddau ymosodiad o wlad Babilon. Erbyn diwedd Llyfr y Brenhinoedd roedd y cyfnod euraidd o deyrnasiad Dafydd a Solomon yn deilchion. Carcharwyd y brenin (Jehoiachin); alltudiwyd yr offeiriaid, yr arweinyddion a'r crefftwyr; dinistriwyd y deml a waliau'r ddinas; a thoddwyd gweddill y trysorau o gyfnod ysblennydd Solomon hyd yn oed.

Ni ddeuai brenin arall i Jwda nes deuai brenin gwahanol iawn, eto o linach Dafydd. Cafodd y brenin hwn ei eni mewn tlodi a'i arwain i'w farwolaeth gyda choron ddrain ar ei ben, a byddai ei atgyfodiad y newyddion gorau erioed i'r holl bobl.

Myfyrdod

Mae gen i ffrind sy'n oncolegydd ac sydd yn aml yn gorfod rhoi y newydd gwaethaf i bobl, rhywbeth nad yw'n bosibl cynefino â'i wneud. Nid llawer o bobl fyddai'n chwennych rôl 'proffwyd barn', ac y mae'n cymryd cryn ddewrder. Mae Hulda yn ymuno â phroffwydi mawr eraill y Beibl, megis Jona, Daniel a Micha, sydd yn dweud y gwir er bod eu neges yn un anodd i'w chlywed.

Pan glywn ni newyddion gwironeddol ddrwg, yn aml does dim llawer y gallwn wneud i newid y sefyllfa – mae anwylyn yn parhau'n sâl, mae anghydfod yn parhau, ac y mae'r pandemig yn dal yna. Ond y mae gennym ddewis ar sut yr ydym yn ymateb i sefyllfaoedd anodd. Dewisodd Joseia ymateb i eiriau Hulda drwy gwympo ar ei liniau mewn gweddi a dilyn Duw 'â'i holl galon ac â'i holl enaid' (2 Brenhinoedd 23:3). Efallai mai dyna fyddai'n lle da i ddechrau.

Gweddi

Llefara, Arglwydd, canys y mae dy was yn clywed. Dyro inni glustiau i glywed, llygaid i weld, ewyllys i ufuddhau, calonnau i garu; yna dywed yr hyn a fynni, gorchymyn beth a fynni a hawlia beth a fynni. Amen.
Christina Rossetti (1830–94)

Hesed

Mae yna air hyfryd yn yr Hebraeg sy'n disgrifio'r cariad a ddengys pobl at ei gilydd, a hefyd y cariad sydd gan Dduw at ddynoliaeth. Nid yw'n hawdd cyfieithu'r gair i iaith arall: mae'n debyg i garedigrwydd ond hefyd yn cael ei ddefnyddio i ddisgrifio teyrngarwch, ffyddlondeb, ymroddiad diamod, aberth a thosturi. *Hesed* yw un o brif werthoedd yr Hen Destament, ac fe sonnir amdano dros 200 o weithiau. Pur anaml mae'n cael ei ddefnyddio i ddisgrifio teimlad haniaethol – mae'n fath o gariad dwys, ymarferol a gadarnheir â gweithred. Datguddir a phrofir y cariad hwn mewn amryw o ffyrdd drwy gyfrwng merched yr Hen Destament. Dyna'r cariad cymhleth rhwng chwiorydd (Rachel, Lea), cariad ffyddlon cyfeillgarwch teyrngar (Naomi, Ruth), a chariad aberthol sy'n rhoi rhywun arall neu Dduw o'u blaen eu hunain (Michal, merch Jefftha). Gwelwn hefyd ganlyniad poenus bywyd lle mae cariad yn absennol fel ym mywyd yr anffodus Mrs Samson gyntaf.

12

Rachel: y chwaer gafodd ei charu

> Tra oedd yn siarad â hwy, daeth Rachel gyda defaid ei thad; oherwydd hi oedd yn eu bugeilio. A phan welodd Jacob Rachel ferch Laban brawd ei fam, a defaid Laban brawd ei fam, nesaodd Jacob a symud y garreg oddi ar geg y pydew, a rhoi dŵr i braidd Laban brawd ei fam. Cusanodd Jacob Rachel ac wylodd yn uchel. Yna dywedodd Jacob wrth Rachel ei fod yn nai i'w thad, ac yn fab i Rebeca; rhedodd hithau i ddweud wrth ei thad.
> GENESIS 29:9–12

Os oes rhywun yn meddwl bod yr Hen Destament yn ddiflas, nid ydynt wedi darllen stori Rachel a Lea. Ceir achos o gamadnabod, cenfigen rhwng chwiorydd, tad twyllodrus a phlanhigion affrodisaidd anghyffredin! Gwyddom i gyd mae'n debyg hanes Joseff a'i frodyr niferus, hyd yn oed dim ond o weld y sioe gerdd. Ond beth a wyddom am fam Joseff a mamau'r brodyr eraill (tair ohonynt)?

Merched Laban, brawd Rebeca, oedd Lea a Rachel. Lea oedd yr hynaf, 'ei llygaid yn bŵl' (neu'n 'wan', yn dibynnu ar y cyfieithiad). Un 'osgeiddig a phrydferth' (Genesis 29:17) oedd Rachel. Roedd Jacob ar ffo rhag ei efaill Esau ac wedi dianc at ei ewythr Laban yn y gobaith o gael gwraig. Cafodd ddwy!

Nid oes fawr o amheuaeth nad oedd Jacob yn caru ei gyfnither Rachel gydag angerdd nas gwelid ei debyg mewn perthynas yn yr Hen Destament, a bod eu cyfarfyddiad cyntaf yn odidog o ramantus. Roedd

Rachel yn gwneud ei thasgau dyddiol o ofalu am ddefaid ei thad pan welodd Jacob hi wrth y pydew. Sylweddolodd ei bod hi'n aelod o'i deulu ac aeth ati'n unswydd a'i chusanu, ac 'wylo'n uchel'. Helpodd hi drwy rolio'r garreg fawr oddi ar y pydew, rhannodd ei hanes gyda hi a derbyn y gwahoddiad i dŷ ei thad. Dechrau rhamantus, efallai, ond roedd y berthynas yn bell o fod yn un hapus am byth.

Bu'n rhaid i Jacob weithio ar fferm Laban am saith mlynedd er mwyn ennill yr hawl i briodi ei ferch. Yna, wedi'r amser penodol, a pharatoadau'r briodas mewn llaw, mewn gweithred a fyddai'n newid cwrs bywyd y chwiorydd am byth, anfonodd Laban Lea i'r babell yn hytrach na Rachel. Roedd hi'n dywyll a gorchuddiwyd Lea gan sawl fêl, ac felly nid oedd Jacob yn ymwybodol o'r twyll nes oedd hi'n rhy hwyr. Yn y diwylliant hwnnw golygai hyn fod Jacob nawr yn briod â hi, er mai hi oedd y ferch anghywir.

Rhoddodd Laban ganiatâd i Jacob briodi Rachel yr wythnos ganlynol petai'n fodlon gweithio iddo am saith mlynedd ymhellach. Nid oedd gan y chwiorydd ddewis yn hyn o gwbl, wrth gwrs. Roedd priodi mwy nag un ferch yn gyffredin yn niwylliant y cyfnod, ond mae'n hawdd dychmygu pa mor anodd oedd pethau i'r ddwy, a daeth Rachel yn chwerw a chenfigennus.

Carai Jacob Rachel yn fwy na Lea, ond roedd hi'n haws i Lea gael plant. Ar un cyfnod roedd Rachel mor ddigalon fel ei bod wedi gweiddi ar ei gŵr, 'Rho blant i mi, neu byddaf farw' (Genesis 30:1). Cafodd blant yn y pen draw, dau fab gyda Bilha, ei morwyn, yn fam fenthyg, ac wedyn ei phlentyn hi ei hun, yr annwyl Joseff. Ymddengys na ddarganfu Rachel fyth dawelwch meddwl, fodd bynnag; roedd yn llawn dyhead am fwy o blant a chenfigen tuag at ei chwaer. Cyrhaeddodd yr ail blentyn hirddisgwyliedig, ond yn anffodus bu farw Rachel ar ei enedigaeth. Ei gweithred olaf oedd enwi'r plentyn yn Ben-oni, sydd yn golygu 'mab fy ngofid', enw sy'n cyfleu cymaint am y ferch hardd ond hynod o drist hon.

Yn ffodus i'r babi, gwrthododd Jacob yr enw a'i newid i Benjamin sy'n golygu 'mab fy llaw dde'. Daeth llwyth Benjamin yn un o dylwythau pwysicaf pobl Israel, a disgynnydd o'r ach oedd Saul, brenin cyntaf Israel.

Claddwyd Rachel ar y ffordd i Fethlehem, ac y mae ei bedd yn fan pwysig i bererinion hyd heddiw.

Myfyrdod

Nid oedd bywyd Rachel yn hawdd. Disgwylid i ferched yn yr hen fyd gynhyrchu plant, ac yr oedd eu ffyniant a'u hapusrwydd yn dibynnu ar hyn. Gweddïwn dros y rhai sydd o hyd yn ddibynnol ar eu ffrwythlondeb, a'r rhai sy'n ymddangos na fyddant byth yn darganfod bodlonrwydd mewn bywyd.

Gweddi

O Dduw, gelwaist arnom i fod yn bobl i ti. Ceraist ti ni a dewisaist ni i fod yn eiddo i ti. Gwisg ni â thynerwch calon, caredigrwydd, gostyngeiddrwydd, addfwynder ac amynedd. Helpa ni i fod yn oddefgar ac i faddau i'n gilydd fel yr wyt ti wedi maddau i ni. A rhwyma ni â'n gilydd yn undod perffaith dy gariad. Amen.
Addaswyd o'r COLOSIAID 3:12–14

13

Lea: y chwaer arall

> Pan welodd yr Arglwydd fod Lea'n cael ei chasáu, agorodd ei chroth; ond yr oedd Rachel yn ddi-blant. Beichiogodd Lea ac esgor ar fab, a galwodd ef Reuben; oherwydd dywedodd, 'Y mae'r Arglwydd wedi gweld fy ngwaradwydd, ac yn awr bydd fy ngŵr yn fy ngharu.' Beichiogodd eilwaith ac esgor ar fab, a dywedodd, 'Y mae'r Arglwydd wedi clywed fy mod yn cael fy nghasáu, a rhoddodd hwn i mi hefyd.' A galwodd ef Simeon. Beichiogodd drachefn ac esgor ar fab, a dywedodd, 'Yn awr, o'r diwedd fe unir fy ngŵr â mi, oherwydd rhoddais iddo dri mab.' Am hynny galwodd ef Lefi. A beichiogodd drachefn ac esgor ar fab, a dywedodd, 'Y tro hwn moliannaf yr Arglwydd.' Am hynny galwodd ef Jwda. Yna peidiodd â geni plant.
> GENESIS 29:31–35

Treuliwyd llawer o'm plentyndod yn ffraeo gyda fy chwaer. Rydw i dair blynedd yn hŷn na hi ac yr oeddwn yn genfigennus iawn, i'r graddau pan aned hi dechreuais gysgu tu allan i ddrws ystafell wely fy rhieni fel mai fi a welid ganddynt gyntaf yn y bore! Nid wyf yn edrych yn ôl ar y blynyddoedd hynny gyda balchder, gan fy mod wedi bod yn aruthrol o ffiaidd gyda hi, ac un o fendithion mwyaf fy mywyd yw ein bod ni nawr yn ffrindiau pennaf. Ond yn bendant ni fyddai hynny'n wir petaem yn briod gyda'r un dyn!

Lea oedd yr hynaf, ac eto roedd hi wastad yn ail i'w chwaer iau brydferth: 'Hoffodd [Jacob] Rachel yn fwy na Lea' (Genesis 29:30). Mae digon o dystiolaeth yn y testun o genfigen Rachel tuag at Lea, ond ychydig iawn y ffordd arall. Yn wahanol i'w chwaer, roedd beichiogi'n hawdd i Lea a bendithwyd hi gyda chwech o feibion a merch, ac eto ar ôl pob genedigaeth dengys ei dyhead dyfnaf. Nid oedd ffocws Lea ar ei chwaer, ond ar ei gŵr, a'i dyhead iddo ef ei charu hi.

Mae ei chri yn boenus: 'Yn awr bydd fy ngŵr yn fy ngharu' ac 'O'r diwedd fe unir fy ngŵr â mi.' Hyd yn oed ar ôl geni ei chweched mab deil ei ffocws ar Jacob: 'Yn awr, bydd fy ngŵr yn fy mharchu, am imi esgor ar chwech o feibion iddo' (Genesis 30:20). Yn drist, nid oes dim i ddweud bod Jacob wedi newid ei serch, ac roedd hyd yn oed yn ffafrio meibion Rachel dros rai Lea – cofiwn ganlyniad hyn mewn cyswllt â hanes Joseff.

Er na chafodd Rachel na Lea fawr o lais ynglŷn â phwy oeddynt am briodi, mae'n ymddangos bod ganddynt ddylanwad o fewn y berthynas. Hwy oedd yn dewis enwau'r meibion, er enghraifft, a hwy oedd yn rheoli pa un o'r ddwy oedd yn cysgu gyda Jacob. Ar un achlysur roedd Lea'n awyddus i feichiogi eto a'r unig ffordd y gallai wneud hyn oedd talu Rachel gyda mandragorau, affrodisiac hynafol â phwerau adfywiol naturiol: 'Pan oedd Jacob yn dod o'r maes gyda'r nos, aeth Lea i'w gyfarfod a dweud, "Gyda mi yr wyt i gysgu, oherwydd yr wyf wedi talu am dy gael â mandragorau fy mab." Felly cysgodd gyda hi y noson honno' (Genesis 30:16).

Er nad Lea oedd hoff wraig Jacob, bendithiwyd hi gan Dduw â llawer o feibion a aeth ymlaen i ffurfio llwythau Israel, ac ymddengys ei bod hi'n fwy bodlon na'i chwaer. Er na ffafriwyd hi gan Jacob yn ystod ei bywyd, wedi iddi farw fe'i hanrhydeddwyd a chladdwyd hi yn ymyl Abraham a Sara yn y fan lle rhoddwyd Jacob i orffwys yn y diwedd. Unwyd hwy mewn marwolaeth, os nad mewn bywyd.

Myfyrdod

Ni wyddom a wnaeth y chwiorydd fyth gymodi, ond hoffwn feddwl bod y genfigen angerddol a'r gystadleuaeth ffyrnig wedi cydredeg â chariad dwfn rhyngddynt. Roeddynt mewn sefyllfa amhosibl ac un a fyddai'n brawf ar berthynas unrhyw chwiorydd. Mae stori Lea yn ein hatgoffa hefyd am y nifer sy'n teimlo eu hunain yn israddol ac yn wahanol i eraill, yn enwedig o fewn cyd-destun teulu. Wrth fyfyrio ar ein perthynas ni â brodyr a chwiorydd ac aelodau eraill o'r teulu, a'r emosiynau cymhleth a all godi, gallwn ofyn am ras Duw, am iacháu chwerwder a chenfigen, ac am y gallu i faddau.

Gweddi

Arglwydd Dduw, lle nad oes 'ail safle' yn dy frenhiniaeth odidog, a lle cerir pawb fel plant gwerthfawr, bendithia bawb sy'n credu eu bod yn israddol, heb eu caru ac yn wrthodedig. Rho wybod iddynt eu bod yn werthfawr yn dy olwg di. Amen.

14

Naomi: chwerwfelys

> Yn ystod y cyfnod pan oedd y barnwyr yn llywodraethu, bu newyn yn y wlad, ac aeth dyn o Fethlehem Jwda gyda'i wraig a'i ddau fab i fyw dros dro yng ngwlad Moab. Elimelech oedd enw'r dyn, Naomi oedd enw ei wraig, a Mahlon a Chilion oedd enwau'r ddau fab. Effrateaid o Fethlehem Jwda oeddent, ac aethant i wlad Moab ac aros yno. Ond bu farw Elimelech, gŵr Naomi, a gadawyd hi'n weddw gyda'i dau fab. Priododd y ddau â merched o Moab: Orpa oedd enw'r naill a Ruth oedd enw'r llall. Wedi iddynt fod yno tua deng mlynedd, bu farw Mahlon a Chilion ill dau; a gadawyd y wraig yn amddifad o'i dau blentyn yn ogystal ag o'i gŵr.
> RUTH 1:1–5

Mae'r Prawf Bechdel yn mesur cynrychiolaeth merched mewn ffuglen a ffilm ac yn gofyn y tri chwestiwn hyn: a bortreadir o leiaf dwy ferch? A yw'r merched yn sgwrsio â'i gilydd? Ydi'r sgwrs yn ymwneud â rhywbeth neu rywun ar wahân i ddyn? Mae'n rhyfeddol sawl darn o lenyddiaeth a ffilm sy'n methu'r prawf syml hwn! Mae Llyfr Ruth yn pasio'r Prawf Bechdel. Dyma un o'r unig ddau lyfr yn y Beibl a enwir ar ôl merch (y llall yw Esther), a stori yw am rym perthynas ddofn, aberthol rhwng dwy wraig, Naomi a Ruth, sy'n galaru, ac am eu taith o gyfeillgarwch, ffydd ac iachâd.

Trigai Naomi a'i gŵr Elimelech ym Methlehem yn Jwda gyda'u dau fab, Mahlon a Chilion, mewn cyfnod pan reolid Israel gan y barnwyr (Gideon mae'n debyg). Pan ddaeth newyn i'r ardal, symudodd Elimelech ei deulu i Moab, gwlad heb bobl o dras Iddewig ynddi. Bu farw'n fuan ar ôl cyrraedd, a phriododd y meibion â merched o Moab ac ymgartrefu yno. Cafwyd trychineb eto pan fu farw'r ddau fab, gan adael Naomi mewn trallod. Roedd hyn yn debyg i'r trychinebau a brofodd Job, ond roedd sefyllfa Naomi yn waeth gan ei bod yn ferch, heb yr un dyn o fewn y teulu i'w hamddiffyn, a hithau'n ddieithr mewn gwlad estron yn bell oddi wrth ei theulu estynedig.

Nid oes rhyfedd, felly, i Naomi benderfynu dychwelyd adref i Fethlehem, yn enwedig gan fod y newyn drosodd erbyn hynny. Cychwynnodd y ddwy ferch-yng-nghyfraith weddw, Ruth ac Orpa, gyda hi ar y daith o 50 milltir, ond rhywle ar y ffordd sylweddolodd Naomi fod mynd â'r ddwy ferch ymhell oddi wrth eu pobl eu hunain y peth anghywir i'w wneud. Gan eu bod yn dal yn ifanc, roedd rhywfaint o obaith ganddynt ar gyfer y dyfodol. Anogodd hwy i ddychwelyd at eu teuluoedd i chwilio am wŷr newydd ac i ailadeiladu eu bywydau. Nid oedd gan Naomi unrhyw obaith o hynny iddi hi ei hun. Credai fod Duw wedi troi'n ei herbyn, ac roedd ei phoen mor ddwfn fel ei bod wedi gofyn am newid ei henw o Naomi ('llawenydd') i Mara ('chwerwder').

Wedi llawer o berswâd, aeth Orpa yn ôl at ei theulu yn drist, ond gwrthododd Ruth â gadael Naomi a 'glynodd wrthi' (Ruth 1:14). Tosturiodd Naomi yn y diwedd a dychwelodd y ddwy gyda'i gilydd i Fethlehem, lle roedd y cynhaeaf ar fin cychwyn wrth iddynt gyrraedd. Aeth Ruth i weithio yn lloffa yn y maes, yn cynaeafu'r gwenith a neilltuwyd ar gyfer gweddwon, a dechreuodd y broses araf o iachâd i'r ddwy. Bu'r broses hon yn araf i Naomi, ond dechreuodd y balm dwbl o ymrwymiad cadarn ynghyd â chymorth ymarferol gan ei merch (fel y gwelid hi gan Naomi bellach) ddod â gobaith i liniaru'r chwerwder. Un arwydd o hyn oedd y cymorth egnïol a roddodd Naomi i Ruth i sicrhau gŵr, sef Boas, a chreu partneriaeth a fyddai'n galluogi'r teulu i ddychwelyd i'r tir a gollwyd pan fu farw Elimelech.

Nid hyn oedd yr unig beth a ddychwelwyd i Naomi. Erbyn diwedd y llyfr roedd ganddi gartref diogel, merch oedd yn ei charu, ac ŵyr. Roedd ganddi hefyd barch a chefnogaeth ei chymuned ac, yn fwy na hyn i gyd, ei ffydd yn Nuw.

Myfyrdod

Beth sy'n braf am berthynas Naomi a Ruth yw'r gyd-ddealltwriaeth rhyngddynt. Dibynna Naomi ar gymorth ac egni ieuenctid Ruth yn ei chyfnod o angen dwys; dibynna Ruth ar ddoethineb Naomi a'i chysylltiadau mewn gwlad estron, a chydgerddant yn eu galar. Ychydig o enghreifftiau o gyd-berthynas y dymunem ymdebygu iddynt sydd yn yr ysgrythurau Hebraeg – heintir llawer ohonynt â chystadleuaeth, cenfigen ac anghydbwysedd grym – ond mae'r cyfeillgarwch rhwng Naomi a Ruth yn un ohonynt. Mae'n un o'r portreadau hyfrytaf o deyrngarwch a chariad yn y Beibl ac y mae'n ein hatgoffa o'r rhodd a geir o gyfeillgarwch, yn arbennig y ffrindiau a gydgerddodd gyda ni yn ein hawr dywyllaf ac sy'n gwrthod ein gadael hyd yn oed os ydym yn eu gwthio draw yn ein tristwch. Mae cyfeillgarwch fel hyn yn rhodd. Rhown ddiolch amdano.

Gweddi

Dduw cariadus, diolchwn i ti am lawenydd a chymorth cyfeillion: am y rhai fu gyda ni trwy helyntion bywyd; y rhai a gydgerddodd gyda ni hyd yn oed pan nad oeddem mewn hwyliau da; y rhai a roddodd gyngor ac arweiniad i ni; a'r ffrindiau nad ydynt bellach gyda ni yr hiraethwn am eu cyfarfod eto. Amen.

15

Ruth: calon feddal, traed caled

> Wylodd y ddwy yn uchel eto; yna ffarweliodd Orpa â'i mam-yng-nghyfraith, ond glynodd Ruth wrthi. A dywedodd Naomi, 'Edrych, y mae dy chwaer-yng-nghyfraith wedi mynd yn ôl at ei phobl a'i duw; dychwel dithau ar ei hôl.' Ond meddai Ruth, 'Paid â'm hannog i'th adael, na throi'n ôl oddi wrthyt, oherwydd i ble bynnag yr ei di, fe af finnau; ac ym mhle bynnag y byddi di'n aros, fe arhosaf finnau; dy bobl di fydd fy mhobl i, a'th Dduw di fy Nuw innau. Lle y byddi di farw, y byddaf finnau farw ac yno y'm cleddir. Fel hyn y gwnelo'r Arglwydd i mi, a rhagor, os bydd unrhyw beth ond angau yn ein gwahanu ni.'
> RUTH 1:14–17

Fel Cristion ifanc roeddwn wedi fy nghyfareddu â hanes Jackie Pullinger. Ym 1966 a hithau yn ei hugeiniau cynnar, fe'i galwyd gan Dduw i adael ei chartref a'i theulu yn Llundain a mynd â thocyn unffordd ar long i Hong Kong, heb unrhyw syniad o beth fyddai'n ei wneud wedi cyrraedd yno. Bu'n byw a gweithio yn Ninas Gaeëdig Kowloon ymysg pobl yn gaeth i gyffuriau a gangiau'r Triads ac yno datblygodd weinidogaeth sy'n parhau hyd heddiw. Hi oedd un o'r merched cyntaf i effeithio arnaf, a'r hyn a'm denodd ati oedd ei dewrder a'i pharodrwydd i fynd i ble bynnag roedd Duw yn ei galw er bod risgiau enfawr i'w bywyd ei hun. Yn ei llyfr *Chasing the Dragon*, mae'n ysgrifennu, 'Mae Duw am i ni gael calonnau meddal a thraed caled. Y drafferth gyda'r rhan fwyaf ohonom yw bod gennym galonnau caled a thraed meddal.'

Roedd gan Ruth galon feddal *a* thraed caled. Nid oedd yn Iddewes ac roedd yn hanu o Foab; roedd ei gŵr oedd yn Iddew wedi marw, gan ei gadael gyda Naomi ei mam-yng-nghyfraith, oedd yn galaru'n chwerw, a'i chwaer-yng-nghyfraith Orpa, oedd hefyd wedi colli ei gŵr. Pan benderfynodd ei mam-yng-nghyfraith ddychwelyd i'w mamwlad, gwnaeth Ruth y penderfyniad dewr i symud i ffwrdd oddi wrth bopeth oedd yn gyfarwydd iddi er mwyn mynd gyda hi. O ganlyniad i ymrwymo'i hunan â Naomi, roedd hefyd wedi ymrwymo i gymuned Naomi ac i Dduw. Mae ei gweddi yn ei thröedigaeth yn hyfryd: 'I ble bynnag yr ei di, fe af finnau; ac ym mhle bynnag y byddi di'n aros, fe arhosaf finnau; dy bobl di fydd fy mhobl i, a'th Dduw di fy Nuw innau. Lle y byddi di farw, y byddaf innau farw ac yno y'm cleddir.' Dyna ddatganiad pwerus o ymrwymiad cariadus gan un person i un arall.

Dewisodd Ruth fynd gyda Naomi ac roedd yn fodlon camu i'r anghyfarwydd, i fywyd oedd yn anrhagweladwy ac ansicr, i fynd i wlad dramor ble byddai'n fregus a heb rywun i edrych ar ei hôl. Nid yw ei hysgogiad dros wneud hyn yn eglur. A arhosodd hi gyda Naomi oherwydd bod ganddi gariad dwfn tuag at y fenyw hŷn hon a oedd mewn llawer ffordd yn anghenus? Neu a oedd gan Ruth syniad fod Duw yn galw arni ac felly'n gwybod bod yn rhaid iddi adael Moab?

Beth bynnag oedd ei rheswm, arweiniodd penderfyniad dewr Ruth hi i Fethlehem, ble tra oedd yn y meysydd yn casglu bwyd y daeth ar draws Boas, perthynas pell i Naomi. Diogelodd Boas hi rhag niwed, ac anogodd Naomi y cyfeillgarwch a ddaeth yn garwriaeth a rhoddodd gyngor i Ruth ar sut i wneud yn siŵr o'i gariad: 'Wedi iti ymolchi ac ymbincio a rhoi dy wisg orau amdanat, dos at y llawr dyrnu' (Ruth 3:3). Maes o law priodwyd Ruth a Boas, roedd ei dyfodol yn sicr a chawsant fab, Obed, a ddaeth yn ei dro yn daid i'r Brenin Dafydd.

Mae Ruth yn un o nifer fach o ferched, ynghyd â Tamar, Rahab a Bathseba, a enwir yn achyddiaeth Iesu.

Myfyrdod

Nid yw Duw yn galw ar lawer o bobl i adael popeth maen nhw'n gyfarwydd ag o yn y ffordd y galwyd ar Jackie Pullinger a Ruth, ond efallai y gallwn nodi amser pan ofynnwyd i ni gymryd cam mewn ffydd. Pan deimlais i Dduw yn galw arnaf am y tro cyntaf i fod yn offeiriad, roeddwn yn gwybod y byddai hyn yn golygu gadael ein cartref cysurus mewn pentref yn Swydd Rhydychen – penderfyniad oedd yn anos i'w wneud oherwydd fod gennym dri mab ifanc ar y pryd. Mae'n demtasiwn weithiau i ystyried beth allai fod wedi digwydd pe baem wedi dewis llwybrau eraill yn ein bywydau, ond galwad Iesu i'w ddisgyblion oedd i'w ganlyn bob amser, i edrych i'r dyfodol, i roi eu llaw ar yr aradr ac i beidio ag edrych yn ôl (Luc 9:62).

Gweddi

Dduw graslon, rwyt wedi ein galw ni i fywyd ac wedi rhoi mor hael i ni. Tywys ni i ddewis y llwybr bywyd rwyt ti wedi ei drefnu ar gyfer pob un ohonom a rho'r dewrder i ni i fynd ble rwyt ti'n arwain. O bydded i ni, gyda chalonnau meddal a thraed caled, fod yn ffyddlon i'th alwad. Amen.

16

Y Mrs Samson gyntaf

> Ar y pedwerydd dydd dywedasant wrth wraig Samson, 'Huda dy ŵr i ddatgelu'r pos inni, neu fe'th losgwn di a'th deulu. Ai er mwyn ein tlodi y rhoesoch wahoddiad inni yma?' Aeth gwraig Samson ato yn ei dagrau a dweud, 'Fy nghasáu yr wyt ti, nid fy ngharu; rwyt wedi gosod pos i lanciau fy mhobl heb ei egluro i mi.' Ac meddai yntau, 'Nid wyf wedi ei egluro i'm tad a'm mam; pam yr eglurwn ef i ti?' Bu'n wylo wrtho trwy gydol y saith diwrnod y cynhaliwyd y wledd, ac ar y seithfed dydd fe'i heglurodd iddi, am ei bod wedi ei flino. Eglurodd hithau'r pos i lanciau ei phobl.
> BARNWYR 14:15–17

Yn aml yng nghymdeithasau'r oes a fu, fel yn yr Hen Destament, trefnwyd priodasau rhwng teuluoedd. Roedd hyn yn fodd i sicrhau heddwch neu undod rhwng cymunedau, neu am resymau bri ac arian. Yn y cymdeithasau hyn, gellid trefnu'r briodas trwy ymgynghori â'r pâr a gallai hyn arwain at berthynas gyflawn a hapus. Yn anffodus, nid felly yr oedd hi i wraig gyntaf Samson.

Rydym i gyd yn gwybod am seremonïau priodas sydd wedi mynd o chwith. Roedd ffrind i mi sy'n ficer wedi gollwng y fodrwy i lawr gratin yr eglwys yn ystod yr addunedau. Defnyddiwyd modrwy un o'r morynion priodas nes i blymar ddod ar ôl y gwasanaeth a nôl y fodrwy! Fodd bynnag, dydw i ddim yn meddwl bod unrhyw un wedi cael dyweddïad a phriodas waeth na'r Mrs Samson gyntaf druan. Nid yw'r rhan fwyaf o bobl wedi clywed amdani, ac yn bendant dydy hi ddim mor enwog â'r un a'i dilynodd – Delila. Ni chaiff ei henwi hyd yn oed – dim ond 'un o ferched y Philistiaid' (Barnwyr 14:1).

Roedd Samson, y Nasaread oedd yn enwog am ei gryfder, wedi'i gweld hi o bell a phenderfynodd ei fod am ei chael yn wraig iddo. Nid y cychwyn mwyaf rhamantus, oherwydd gorchmynnodd i'w rieni, 'Cymerwch honno'n wraig imi' (Barnwyr 14:2). Ar yr adeg honno roedd y Philistiaid a'r Israeliaid yn elynion, felly roedd hon yn sefyllfa anarferol ac roedd y ddau deulu'n wyliadwrus. Dechreuodd yn wael. Ar y ffordd i'w chyfarfod, daeth Samson ar draws llew ifanc ac fe'i rhwygodd gyda'i ddwylo. Ar y ffordd adref, cymerodd y mêl a gafodd o gorff y llew i'w roi yn anrheg i'w rieni. Roedd hyn yn erbyn un o addunedau craidd y Nasareaid sef, ynghyd â pheidio â thorri eu gwallt, nid oeddent i gael unrhyw gyswllt ag unrhyw beth marw.

Ond aeth pethau o ddrwg i waeth yn y wledd briodas a oedd, y dyddiau hynny, yn para am rai dyddiau. Rhoddodd y Philistiaid 30 o wŷr ifanc i Samson i fod yn gwmni iddo yn ystod y gwledda, a phenderfynodd yntau osod pos iddyn nhw a chynnig lliain main fel gwobr: 'O'r bwytäwr fe ddaeth bwyd, ac o'r cryf fe ddaeth melystra' (Barnwyr 14:14).

Roedd y dynion ifanc wedi eu drysu gymaint nes aethant yn wyllt gan rwystredigaeth. Mor wyllt, yn wir, nes iddynt fygwth lladd y briodferch a llosgi cartref ei theulu oni bai ei bod yn rhoi'r ateb iddynt! Bu hi'n wylo am saith diwrnod ei 'dathliadau' ac yn y pen draw perswadiodd ei gŵr newydd i roi'r ateb iddi (llew, mêl), a rhoddodd hithau yr ateb i'r dynion ifanc. Yn anffodus, nid dyna oedd diwedd y mater. Roedd Samson mor ddig ei fod wedi colli nes iddo dalu ei ddyled trwy ddwyn dillad oddi ar grŵp arall o ddynion, a mynd yn ei ddicter yn ôl i gartref ei deulu, gan adael ei wraig newydd ar ôl. Yna fe'i rhoddwyd hi yn wraig i un o ffrindiau Samson.

Gallwn ddychmygu y byddai hi wedi bod yn falch o gael gwared â'r Nasaread anwadal am byth. Fodd bynnag, y flwyddyn ganlynol aeth Samson yn ôl i adennill ei briodferch, ond pan sylweddolodd ei bod yn briod â rhywun arall, dechreuodd gylch o drais rhwng y ddwy ochr, a arweiniodd at y weithred fwyaf rhyfedd o ddial yn y Beibl cyfan. Daliodd Samson 300 o lwynogod (sut yn y byd y llwyddodd ef i wneud hynny?), clymodd eu cynffonnau at ei gilydd, rhoddodd hwy ar dân a'u hanfon allan i feysydd y Philistiaid, ble roeddent yn rhedeg o gwmpas yn dinistrio'r holl gnydau. Dialodd y Philistiaid trwy ladd gwraig gyntaf Samson ynghyd â'i thad a llawer o'i phobl.

A dechreuodd hyn oll gyda phos!

Myfyrdod

Mae'r Mrs Samson gyntaf yn ein hatgoffa bod llawer o ferched ers canrifoedd, a hyd heddiw, yn dioddef mewn priodasau digariad a heb fawr o reolaeth dros eu bywydau. Gall priodas am oes fod yn heriol, ac y mae angen cymorth a chefnogaeth ar barau priod gan y rheiny sydd o'u hamgylch. Dyna pam mae gwasanaeth priodas Eglwys Loegr yn cynnwys adduned a wneir gan bawb sydd yn y seremoni: 'A wnewch chi sy'n deulu a ffrindiau i'r pâr sy'n priodi eu cefnogi a'u cynnal nawr ac yn y blynyddoedd i ddod?'

Gweddi

Hollalluog Dduw, rhoddwr bywyd a chariad, bendithia bawb yr wyt wedi eu huno mewn priodas a phartneriaeth gydol oes. Rho iddynt ddoethineb a defosiwn yn eu bywyd gyda'i gilydd; gad iddynt fod i'w gilydd yn gryfder mewn angen, yn gysur mewn tristwch, yn gydymaith mewn llawenydd; a boed i'r rheiny ble mae eu priodas yn achosi poen fod yn ymwybodol o'th gysur a'th gariad iachaol. Amen.

17

Merch Jefftha: addewid farwol

> Pan gyrhaeddodd Jefftha ei gartref yn Mispa, daeth ei ferch allan i'w gyfarfod â thympanau a dawnsiau. Hi oedd ei unig blentyn; nid oedd ganddo fab na merch ar wahân iddi hi. A phan welodd ef hi, rhwygodd ei wisg, a dweud, 'Gwae fi, fy merch! Yr wyt wedi fy nryllio'n llwyr, a thi yw achos fy nhrallod. Gwneuthum addewid i'r Arglwydd, ac ni allaf ei thorri.'
> BARNWYR 11:34–35

Does dim llawer o hanesion yn yr Hen Destament sy'n peri mwy o anesmwythder na stori Jefftha a'r ffordd y bu iddo drin ei ferch. Mae'n stori am dad balch, merch ddiniwed ac addewid annoeth.

Roedd merch Jefftha'n hoff o ddawnsio, a dyma sut rydym yn ei chyfarfod am y tro cyntaf, yn rhedeg i gwrdd â'i thad 'â thympanau a dawnsiau' wrth iddo ddychwelyd yn fuddugoliaethus o'r frwydr. Hi oedd unig blentyn Jefftha a oedd ei hun yn alltud o lwyth Gilead oherwydd iddo gael ei ddietifeddu gan ei hanner brodyr am fod yn 'fab i wraig estron' (Barnwyr 11:2). Roedd wedi ymgartrefu yng ngwlad Tob ac wedi dod yn arweinydd llwyddiannus ar 'nifer o wŷr ofer' (Barnwyr 11:3).

Roedd rhyfel yn y wlad. Roedd pobl Gilead yn awyddus i gael dawn brwydro Jefftha ac wedi ymbilio arno i ymuno â hwy ac fe gytunodd i wneud hyn – er yn amharod. Fodd bynnag, yn hytrach na dibynnu ar ei sgil ac ar weddi, gwnaeth addunded fyrbwyll i Dduw a fyddai'n gweld ei ddiwedd: 'Os rhoi di'r Ammoniaid yn fy llaw, beth bynnag a ddaw allan o ddrws fy nhŷ i'm cyfarfod wrth imi ddychwelyd yn ddiogel oddi wrth yr Ammoniaid, bydd yn eiddo i'r Arglwydd, ac offrymaf ef yn boethoffrwm' (Barnwyr 11:30–31).

Beth oedd yn mynd trwy ei feddwl? Efallai ei fod yn dychmygu y byddai gafr yn dod allan o'r tŷ gyntaf, neu was nad oedd yn hidio amdano. Ond mae'n hollol sicr nad oedd yn bwriadu mai ei unig blentyn annwyl fyddai'r cyntaf. Ac felly pan ddaeth ei ferch allan o'r tŷ yn canu a dawnsio, gwaeddodd mewn anobaith. Nid, fel y byddech chi'n dychmygu, drosti hi, ond drosto ef ei hun! 'Gwae fi, fy merch! Yr wyt wedi fy nryllio'n llwyr, a thi yw achos fy nhrallod. Gwneuthum addewid i'r Arglwydd, ac ni allaf ei thorri.'

Roedd ei hymateb yn rhyfeddol. Dywedodd wrtho na ddylai anwybyddu ei lw i'r Arglwydd ond gofynnodd am ddau fis o ryddid i alaru am yr hyn oll oedd am ei golli. Treuliodd y cyfnod hwnnw yn y bryniau gyda'i ffrindiau benywaidd, ac yna aeth yn ôl i wynebu ei marwolaeth a 'gwnaeth yntau iddi yn ôl yr adduned a dyngodd' (Barnwyr 11:39). Nid oedd gan ferch Jefftha ddewis ynghylch yr hyn oedd yn mynd i ddigwydd iddi. Fodd bynnag, roedd ganddi reolaeth dros ei hymddygiad a dangosodd ddewrder a chryfder eithriadol yn wyneb yr anghyfiawnder ofnadwy a wnaed iddi gan yr union berson a ddylai fod wedi ei diogelu.

Cofiwn am stori debyg yn Genesis ble roedd Isaac i fod i'w aberthu gan ei dad Abraham. Achubwyd Isaac oherwydd ymddangosodd angel cyn iddo gael ei ladd ac aberthwyd hwrdd yn ei le. Yn drist iawn nid oedd angel yno i achub merch Jefftha.

Myfyrdod

Mae'r stori hon yn codi mwy o gwestiynau nag o atebion. Oedd yr aberth hwn yn rhywbeth a ordeiniwyd gan Dduw, neu'n ffolineb a balchder tad oedd yn anfodlon peidio â chyflawni ei adduned? Pam ei bod hi mor barod i dderbyn ei ffawd? Pam na wnaeth Duw ymyrryd fel y gwnaeth gydag Isaac?

Yn fy marn i mae'r hanes yma'n ein hatgoffa bod pethau ofnadwy wedi eu cyflawni yn enw crefydd a hynny'n ddim i wneud ag ewyllys Duw. Roedd aberth dynol wedi ei wahardd yn ôl cyfraith y Tora ac mae'n siŵr y byddai Jefftha'n gwybod hynny. Nid yw Duw yn ymyrryd oherwydd mae Duw yn caniatáu i ni wneud dewisiadau yn ein bywydau ac ar brydiau mae'r dewisiadau hyn yn ddinistriol ac yn achosi tristwch difrifol. Byddem yn hoffi i Dduw ymyrryd bob tro y clywn am dad yn cam-drin neu'n llofruddio ei blant – rhywbeth sy'n digwydd yn rhy aml. Ond nid yw Duw yn gweithredu fel yna.

Mae'n stori anodd i fyfyrio arni ond nid yw'r Beibl yn troi ymaith o realiti caled bywyd. Yn ein gweddïau mae hefyd yn bwysig cofio pob un sy'n cael ei niweidio gan y bobl y dylen nhw allu ymddiried ynddynt.

Gweddi

Hollalluog Dduw, sy'n Dad annwyl i bawb, gwarchod bawb sy'n dioddef dan law'r rheiny a ddylai eu diogelu; bendithia'r rhai sy'n gweithio gyda goroeswyr cam-drin domestig; a helpa ni i gofio bod gennym Dad nefol sy'n ein caru a byth yn mynd i'n niweidio ni. Amen.

18

Michal: caru a chasáu

> Syrthiodd Michal ferch Saul mewn cariad â Dafydd, a phan ddywedwyd wrth Saul, yr oedd hynny'n dderbyniol ganddo. Meddyliodd Saul, 'Fe'i rhoddaf hi iddo; bydd hi'n fagl iddo, er mwyn i law y Philistiaid ei daro' … Ystyriodd [Dafydd] y byddai'n dderbyniol iddo felly briodi merch y brenin. Cyn bod yr amser wedi dod i ben, cychwynnodd Dafydd allan gyda'i wŷr, ac aethant a lladd dau gant o ddynion y Philistiaid. Dygodd Dafydd eu blaengrwyn a'u cyflwyno i gyd i'r brenin, er mwyn cael priodi merch y brenin; a rhoddodd Saul ei ferch Michal yn wraig iddo.
> 1 SAMUEL 18:20–21a, 26b–27

Mae *hesed* yn aml yn cael ei gyfieithu fel 'caredigrwydd cariadus'. Fel y gwelsom yn y cyflwyniad i'r adran hon, mae'n air sy'n disgrifio'r cariad aberthol sy'n bodoli rhwng pobl, ac mae hefyd yn disgrifio'r cariad sydd gan Dduw tuag at ddynoliaeth. Mae'n ddiddorol fod gwreiddyn y gair yn gallu golygu naill ai angerdd *tuag at* neu angerdd yn *erbyn* rhywun. Mae cariad a chasáu wedi'u hymblethu'n agos, ac fe all y cariad mwyaf angerddol droi'n hyll yn gyflym iawn. Mae stori Michal yn cynnwys cariad aberthol dwfn, ond mae'n gariad nad yw'n cael ei wir rannu ac mae hynny'n troi'n chwerwder dwfn, ac yn y pen draw yn gasineb.

Michal oedd merch ieuengaf Saul, brenin cyntaf Israel, a hi yw'r unig ferch yn y Beibl cyfan i gael ei disgrifio fel rhywun oedd mewn cariad rhamantus: 'Syrthiodd Michal mewn cariad â Dafydd.' Ar y pryd roedd Dafydd yn filwr ifanc golygus yng ngwersyll ei thad ac yn ennill grym, awdurdod a chanmoliaeth yn gyflym iawn. Roedd gelyniaeth Saul tuag at yr un oedd yn ymddangos fel cystadleuwr iddo wedi cynyddu cymaint nes bod popeth oedd Dafydd yn ei wneud yn ei wylltio; unwaith, pan oedd Dafydd yn canu ei delyn, fe wylltiodd Saul gymaint nes taflu ei waywffon tuag ato!

Roedd Saul wrth ei fodd gyda'r syniad o uniad rhwng ei ferch â Dafydd, gan ei fod yn gweld cyfle i gael gwared ohono. Yn y dyddiau hynny, roedd yn arferiad i'r priodfab gynnig rhodd briodasol i dad y briodferch, ond mynnodd Saul nad oedd 'yn chwennych rhodd briodas heblaw cant o flaengrwyn Philistiaid' (1 Samuel 18:25). Am gais arswydus! Nid oedd amheuaeth nad oedd Saul yn gobeithio y byddai Dafydd yn cael ei ladd yn y broses o gasglu'r rhodd erchyll, ond mewn gwirionedd trosglwyddodd Dafydd ddwywaith hyn, a digwyddodd y briodas.

Ni pheidiodd cynddaredd Saul wedi priodas Michal. Daeth yn fwyfwy ffyrnig ac anrhagweladwy ac nid oedd Dafydd bellach yn ddiogel yn y palas. Cynllwyniodd Michal a'i brawd Jonathan, ffrind annwyl Dafydd, er y risg bersonol fawr iddynt, i'w helpu i ddianc, ac fe wnaeth Dafydd hynny gan ddringo drwy ffenestr tra oedd Michal wedi gosod model/ teraffim yn ei wely er mwyn iddo gael cyfle i fynd i ffwrdd.

Roedd y weithred hon o *hesed* wedi arbed bywyd Dafydd, ond collodd Michal y dyn roedd wedi'i garu ar un adeg. Fe gafodd ei rhoi mewn priodas i ddyn arall, Paltiel, ond unwaith y daeth Dafydd yn frenin, fe fynnodd ei bod yn dod yn ôl ato. Roedd Paltiel yn galaru a dilynodd hi, yn wylo, cyn cael ei anfon i ffwrdd.

Roedd unrhyw gariad oedd gan Michal tuag at Dafydd yn atgof pell erbyn diwedd eu perthynas. Fel ei thad o'i blaen, daeth hithau hefyd yn flin gyda Dafydd a'i ymddygiad. Unwaith, pan ddychwelodd Dafydd yn fuddugoliaethus o frwydr, roedd o mor hapus 'a dawnsiai â'i holl egni o flaen yr Arglwydd' (2 Samuel 6:14). Gwyliodd Michal o ffenestr, ond ni chafodd y ddawns fawr o argraff arni. Roedd Dafydd mae'n debyg yn disgwyl croeso tywysogaidd gan ei wraig, ond yn lle hynny derbyniodd rym llawn ei gwylltineb 'a dirmygodd ef yn ei chalon'. Fe'i cyhuddodd ef o fod yn ddi-chwaeth ac 'yn ei ddinoethi ei hun yng ngolwg morynion ei ddilynwyr'. Aeth y ffrae yn waeth fel llawer o gwerylau priodasol. Dywedodd ef wrthi y gallai ddathlu o flaen yr Arglwydd mewn unrhyw ffordd yr hoffai. Does dim modd tynnu'n ôl geiriau cas a ddywedir mewn cweryl.

Yn drist iawn, ni lwyddwyd i adfer perthynas Michal a Dafydd, a'r olaf a glywn yw 'Bu Michal merch Saul yn ddiblentyn hyd ddydd ei marw' (2 Samuel 6:23).

Myfyrdod

> Er i'r mynyddoedd symud, ac i'r bryniau siglo,
> ni symuda fy ffyddlondeb oddi wrthyt.
> ESEIA 54:10a

Yn Michal fe welwn ferch sy'n dangos amrediad llawn o emosiynau y natur ddynol. Roedd yn barod i gysegru ei bywyd i Dafydd, ond erbyn y diwedd roedd hyd yn oed y ffordd roedd yn dawnsio yn ei gwallgofi a'i chythruddo. Mae ei stori yn ein hatgoffa o natur fregus cariad dynol, a pha mor boenus ydyw pan mae cariad yn troi'n chwerw. Diolch fod *hesed* Duw yn ddiwyro a chadarn. Mae'n gariad sy'n cael ei arllwys ar bob un ohonom ac wedi'i ddatgelu'n llawn yn yr aberth eithaf a wnaeth Iesu drwy ei farwolaeth ar y groes.

Gweddi

O, fendigaid Arglwydd, hoffwn wybod beth yw'r ffordd orau i'th garu a'th blesio, a dymunwn i fy nghariad i fod mor felys i ti ag y mae dy gariad di i mi. Amen.
Margery Kempe (c. 1373–1438)

Merched 'blaengar'

Wedi iddi annerch y Cenhedloedd Unedig ynglŷn â newid hinsawdd, cyhuddwyd y weithredwraig 16 oed Greta Thunberg ar y cyfryngau cymdeithasol o fod yn rhy flaengar. Mae'r gair 'blaengar' yn un o'r geiriau rhyweddedig, fel 'awdurdodol' neu 'wichlyd', sydd bron byth yn cael eu defnyddio i ddisgrifio dynion ond sydd yn aml yn cael eu defnyddio i ddisgrifio merched pwerus neu berswadiol mewn ffordd ddifrïol. Er bod byd yr Hen Destament yn un patriarchaidd, yr oedd ychydig o ferched mewn grym ac yn gallu cyflawni newid. Mae sawl enghraifft o ferched grymus yn yr adran hon, megis merched Seloffehad a fu'n gweithio gyda'i gilydd i newid deddfau yn ymwneud â thiroedd, Jael a drawodd yr ergyd olaf mewn brwydr, ac Abigail a ddangosodd ei galluoedd rhyfeddol i greu heddwch. Defnyddiodd y Frenhines Esther ei safle bwerus i atal hil-laddiad, ac fe deithiodd Brenhines Sheba ledled y byd yn chwilio am ddoethineb. Gadewch inni ddarganfod mwy am ferched 'blaengar' y Beibl.

19

Merched Seloffehad: grym merched

> Yna daeth ynghyd ferched Seloffehad … o deuluoedd Manasse fab Joseff. Enwau ei ferched oedd Mala, Noa, Hogla, Milca a Tirsa. Safasant wrth ddrws pabell y cyfarfod o flaen Moses ac Eleasar yr offeiriad, ac o flaen yr arweinwyr a'r holl gynulliad, a dweud, 'Bu farw ein tad yn yr anialwch; nid oedd ef ymhlith y rhai o gwmni Cora a ymgasglodd yn erbyn yr Arglwydd, ond bu ef farw oherwydd ei bechod ei hun, heb adael mab ar ei ôl. Pam y dylai enw ein tad gael ei ddileu o'i dylwyth am nad oedd ganddo fab? Rho inni etifeddiaeth ymhlith brodyr ein tad.'
> NUMERI 27:1–4

Un o'n pleserau teuluol ni ydy mynd i weld sioeau cerdd, ac ar benblwydd ein mab aethom i weld *Fiddler on the Roof* yn y Playhouse Theatre yn Llundain. Roedd yn anfarwol. Mae'r stori yn troi o gwmpas y penteulu Iddewig Tevye a'i bum merch. Mae pob un angen gŵr a gwaddol, ond ni all Tevye fforddio hyn er crefu ar Dduw yn y gân glasurol 'If I were a rich man'. Roedd sefyllfa Seloffehad yn debyg, 'Nid oedd gan Seloffehad fab Heffer feibion, dim ond merched: enwau merched Seloffehad oedd Mala, Noa, Hogla, Milca a Tirsa' (Numeri 26:33). Dyma ferched mae'n bur debyg na chlywsoch erioed amdanynt, ond llwyddodd eu *chutzpah* i newid bywydau merched ar hyd y canrifoedd.

Roedd y teulu yn byw yn y cyfnod wedi i Moses arwain yr Israeliaid o gaethiwed yn yr Aifft. Roeddynt wedi bod yn crwydro yn yr anialwch am 'ddeugain mlynedd' (sydd yn golygu 'amser hir' yn y Beibl) ac yr oeddynt ar fin cyrraedd gwlad yr addewid. Ond yn y stori hon, cyn gynted ag inni glywed am Seloffehad, bu farw (Numeri 27:3).

Dyma gymdeithas nodweddiadol batriarchaidd. Roedd Israel wedi ei threfnu yn llwythau oedd yn ddisgynyddion o ddeuddeg mab Jacob. Roedd pob llwyth wedi ei ffurfio o sawl teulu wedi'u henwi ar ôl y penteulu. Penderfynodd Moses alw cyfrifiad o'r holl lwythau fel eu bod yn gallu rhannu'r tir yn deg. Hanai Seloffehad o lwyth Manasse, a chan iddo farw heb feibion, y traddodiad fyddai i'r tir oedd yn ddyledus iddo gael ei drosglwyddo i deulu arall. Ond penderfynodd ei ferched nad oedd hyn yn ddigon da: 'Yna daeth ynghyd ferched Seloffehad.'

Mewn gweithred o ddewrder anhygoel, gadawsant y gwersyll a neilltuwyd ar gyfer merched a mynd i'r rhan gysegredig lle ymgasglai'r uwch-arweinwyr gwrywaidd. Roedd hon yn weithred feiddgar ynddi'i hun, ond fe aethon nhw yn bellach a mynd yn groes i'r traddodiad gan siarad yn huawdl a dadlau'r achos dros ddiwygio deddfau etifeddiaeth. Roedd eu rhesymeg yn gytbwys, yn glir, yn bersonol ac yn llawn perswâd. Geiriau olaf y merched oedd: 'Pam y dylai enw ein tad gael ei ddileu o'i dylwyth am nad oedd ganddo fab? Rho inni etifeddiaeth ymhlith brodyr ein tad' (Numeri 27:4).

Doedd Moses ddim yn gwybod sut i'w hateb, ac felly gweddïodd a chafodd ateb gan yr Arglwydd: 'Y mae cais merched Seloffehad yn un cyfiawn; rho iddynt yr hawl i etifeddu ymhlith brodyr eu tad, a throsglwydda etifeddiaeth eu tad iddynt hwy' (Numeri 27:7). Roedd y merched yn gywir! Diwygiwyd y deddfau ac o hynny ymlaen roedd merched yn cael etifeddu ar farwolaeth eu tad ac, ymhellach, rhoddwyd yr hawl i ferched ddewis eu gwŷr eu hunain – 'Cânt briodi â phwy bynnag a ddymunant, cyn belled â bod eu gwŷr yn perthyn i dylwyth eu tad' (Numeri 36:6). Roedd y merched yn ffyddlon i'r gorchymyn, ac ymhen rhai blynyddoedd, yng nghyfnod Josua, roedd tir yn cael ei ddosrannu yn deg ymhlith merched a holl arweinwyr gwrywaidd y teulu (Josua 17:4).

Myfyrdod

Rhaid inni beidio â thanamcangyfrif pwysigrwydd gweithredoedd y merched dewr hyn wrth iddynt newid bywydau cymaint ar hyd y cenedlaethau. Mae perchnogaeth tir yn para i fod yn hynod bwysig i sicrhau ffyniant, yn enwedig mewn cymunedau gwledig. Mae anghydraddoldeb rhyw mewn deddfau etifeddiaeth a pherchnogaeth tir yn parhau i fod yn fater o bwys heddiw, ac un o Amcanion Datblygiad Cynaliadwy y Cenhedloedd Unedig yw mynd i'r afael â'r mater.[3] Mae'n annhebygol y byddai'r pum merch wedi dod i'n sylw fel unigolion: roedd gan eu lleisiau unedig, fodd bynnag, rym. Maent yn ein hatgoffa o rym carfannau o bobl sy'n achosi newid, pwysigrwydd camu ymlaen mewn ffydd a chodi llais yn erbyn anghyfiawnder, ac weithiau cawn ein calonogi o weld bod pethau yn newid pan safwn gyda'n gilydd.

Gweddi

O Dduw doeth ac eofn,
rhown ddiolch iti am bawb ymhob oes
sydd wedi gwrthod yr hyn a ddisgwylid ganddynt
er mwyn ymladd am eu bywydau eu hunain a dyfodol y rheiny sydd mewn angen.
Dysg ni i sylweddoli ble mae angen ein lleisiau
a gwna ni yn bobl ddewr sy'n dod â gobaith i'n byd.
Amen.
Philippa White

20

Jael: marwol mewn pabell

> Ffodd Sisera ar ei draed i babell Jael, gwraig Heber y Cenead, oherwydd yr oedd heddwch rhwng Jabin brenin Hasor a theulu Heber y Cenead. Daeth Jael allan i gyfarfod Sisera a dywedodd wrtho, 'Tro i mewn, f'arglwydd, tro i mewn ataf, paid ag ofni.' Felly troes i mewn ati i'r babell, a thaenodd hithau gwrlid drosto. Gofynnodd iddi am lymaid o ddŵr i'w yfed, gan fod syched arno, ond agorodd hi botel o laeth a rhoi diod iddo, ac yna ei orchuddio eto.
> BARNWYR 4:17–19

Teitl pryfoclyd ysgrifau coffa y *New York Times* yn 2013 ydy *The Socialite Who Killed a Nazi with Her Bare Hands*.[4] Mae'n cynnwys ysgrif goffa Nancy Wake, a ymunodd â'r Fyddin Gudd yn ystod yr Ail Ryfel Byd. Achubodd fywydau cannoedd o aelodau byddin a llu awyr y Cynghreiriaid drwy gynnig cymorth iddynt ddianc drwy Ffrainc i Sbaen. Unwaith, lladdodd wyliwr SS i'w rwystro rhag tanio'r larwm. Wedi'r rhyfel dywedodd wrth gyfwelydd: 'Dwi ddim yn gweld pam y dylem ni'r merched godi llaw a ffarwelio â'n dynion ac yna gwau balaclafas iddyn nhw.'[5]

Mae Jael yn chwalu unrhyw gamargraff sydd gennym na all merched gymryd rhan mewn ymladd gweithredol. Yn Llyfr y Barnwyr cawn rai o'r hanesion mwyaf erchyll o drais y gellir eu dychmygu. Nid yw'n ddarllen hawdd gan ein bod fel Cristnogion yn anghyfforddus gyda'r syniad bod Duw i'w weld yn gwobrwyo trais ac weithiau yn ei orchymyn. Mae hanes Jael hyd yn oed yn fwy brawychus gan mai merch sy'n cyflawni llofruddiaeth ffiaidd cadfridog wrth iddo orffwys wedi diwrnod caled o ymladd.

Roedd Jael yn wraig i Heber, gweithiwr metel. Ceneaid oeddent, sef Israeliaid o dras, ond roedd Heber wedi gwrthgilio at y Canaaneaid. Roedd Sisera, arweinydd byddin Canaan, yn cilio. Roedd 900 o'i gerbydau rhyfel wedi eu dinistrio gan y llifogydd a'r milwyr wedi eu llethu gan ddeng mil o filwyr Barac a Debora. Roedd ei fyddin yn hollol anhrefnus, ac fe ffodd ar droed i ddiogelwch gwersyll ei gynghreiriad oes.

Doedd ei gynghreiriad Heber ddim gartref, ac felly croesawyd Sisera gan ei wraig Jael. Ymddengys bod ei chydymdeimlad hi gyda phobl Israel, oedd wedi cael eu gormesu am 20 mlynedd o dan reolaeth Canaan.

Defnyddiodd Jael ei chyfaredd i suo Sisera i gyflwr o ddiogelwch ffug: 'Tro i mewn, f'arglwydd, tro i mewn ataf, paid ag ofni.' Roedd hi'n hael a chroesawus, rhoddodd laeth a gwely cynnes iddo a'i wneud yn gyfforddus am y noson. Wedi diwrnod caled yn brwydro, syrthiodd Sisera i drwmgwsg. Roedd Bedwiniaid yn byw mewn pebyll, felly byddai arf dewisol Jael wrth law: 'Cymerodd Jael, gwraig Heber, hoelen pabell, cydiodd mewn morthwyl, ac aeth ato'n ddistaw a phwyo'r hoelen trwy ei arlais i'r llawr … a bu farw' (Barnwyr 4:21).

Gwireddwyd proffwydoliaeth flaenorol Debora sef y byddai tranc Sisera yn dod drwy law merch, ac yn fuan wedi ei farw cwympodd gweddill byddin Canaan. Clywodd Iawe gri ei bobl ac fe'u hachubodd unwaith eto, ond y tro hwn defnyddiodd ddwy ferch i wireddu ei fwriadau. O ganlyniad i'w gweithredoedd 'cafodd y wlad lonydd am ddeugain mlynedd' (Barnwyr 5:31).

Hynny yw, nes i'r bobl wrthryfela yn erbyn Duw ac i ryfel ailddechrau eto (Barnwyr 6).

Myfyrdod

> Gan hynny, ymarfogwch â holl arfogaeth Duw.
> EFFESIAID 6:13a

Un o'r agweddau sy'n creu anesmwythyd yn yr Hen Destament yw'r mater o drais. Ydy Duw cariad yn gorchymyn hil-laddiad go iawn? Ydy Duw wedi newid dros amser, neu ydy ein dealltwriaeth ni o natur Duw wedi newid? Dyma gwestiynau anodd i'w hateb, ond mae twrio i mewn i hanesion tywyll a threisgar fel hon yn ein hatgoffa o gymeriad oesol Duw. Nid yw Duw yn goddef drygioni ac mae'n casáu pan fydd pobl yn addoli duwiau eraill ac yn gormesu'r bobl y mae'n eu caru. Ochr yn ochr â hyn, mae Duw yn tosturio bob amser pan fo pobl yn wylofain ac ymbil arno. Mewn rhannau o'r Hen Destament fel hwn, drwy ryfela mae amcanion Duw yn cael eu gwireddu, ond fel Cristnogion mae arfau eraill wedi eu rhoi inni i wireddu pwrpas Duw. Mae ein byd yn llawn trais a drygioni o hyd, ond nid cerbydau rhyfel na hoelion pebyll yw ein harfau ni; ond yn hytrach gwirionedd, cyfiawnder, tangnefedd, ffydd, iachawdwriaeth, gair Duw a gweddi (Effesiaid 6:10–18).

Gweddi

Dduw Jael, yn anhrefn byd treisgar
mae dy lef ddistaw fain yn addo creadigaeth newydd,
lle y bydd pawb yn rhydd i dy wasanaethu heb ofn.
Gwna ni'n bobl y gwirionedd a'r heddwch
sy'n adrodd y newyddion da am ddyfodiad dy deyrnas
ac yn hysbysu'r byd am dy gariad anfeidrol. Amen.
Philippa White

21

Abigail: llysgennad yr anialwch

> Pan welodd Abigail Ddafydd, brysiodd i ddisgyn oddi ar yr asyn, ac ymgrymodd ar ei hwyneb a phlygu i'r llawr o flaen Dafydd. Wedi iddi syrthio wrth ei draed, dywedodd, 'Arnaf fi, syr, y bydded y bai; gad imi egluro'n awr, a gwrando dithau ar eiriau dy wasanaethferch. Paid â chymryd sylw o'r dihiryn yma, Nabal. Y mae yr un fath â'i enw: Nabal, sef Ynfyd, yw ei enw, ac ynfyd yw ei natur. Ni welais i, dy wasanaethferch, mo'r llanciau a anfonaist ti, syr … Yn awr, daeth dy wasanaethferch â'r rhodd hon iti, syr, i'w rhoi i'r llanciau sy'n dy ganlyn. Maddau gamwri dy wasanaethferch.'
> 1 SAMUEL 25:23–25, 27–28a

Nododd Christine de Pizan (1364–1430) 'y dylai merched ymroi eu hunain i heddwch oherwydd bod dynion, wrth reddf, yn fwy byrbwyll ac ystyfnig, a bod eu hawydd i dalu'r pwyth yn ôl yn eu rhwystro rhag gweld peryglon ac erchyllterau rhyfel'.[6] Mae merched ar hyd y canrifoedd wedi gweithredu rhwng dynion yn ymrafael â'i gilydd, ac y mae Abigail yn enghraifft ardderchog o hynny.

Ar adeg pan oedd yr Israeliaid yn llwythi yn yr anialwch, Saul yn frenin a Dafydd ar ffo ac yn ennill grym, roedd Nabal, dihiryn y stori, yn ffermwr defaid cyfoethog. Roedd Dafydd a'i ddynion yn gwarchod yr ardal rhag rheibwyr a lladron. Roedd Nabal yn briod ag Abigail, gwraig ddoeth a gofalus a ddisgrifiwyd yn un 'ddeallus a golygus' (1 Samuel 25:3). Roedd Nabal ar y llaw arall yn gyfoethog, yn galed ac yn anghwrtais. Mae ei enw, yn llythrennol, yn golygu 'ffŵl' neu 'dwpsyn', ac yn wir roedd yn driw i'w enw.

Roedd hi'n dymor cneifio, yn adeg, yn draddodiadol, pan fyddai cymunedau'n dathlu a gwledda. Anfonodd Dafydd ddeg o'i ddynion i ofyn am gynnyrch ar gyfer y wledd yn wobr mewn ysbryd cymdogol am warchod eiddo Nabal, yn ôl yr hyn oedd yn arferol bryd hynny. Gweiddi pethau sarhaus ar y dynion wnaeth Nabal mewn ymateb i gais Dafydd, gan esgus nad oedd yn gwybod pwy oedd eu meistr. Roedd Dafydd yn gynddeiriog a dechreuodd baratoi ar gyfer brwydr. Roedd un o ddynion Nabal yn rhagweld perygl ac yn gwybod nad oedd pwrpas siarad â Nabal gan ei fod 'yn ormod o ddihiryn i neb ddweud dim wrtho' (1 Samuel 25:17), ac felly fe aeth ar ei union at Abigail.

Casglodd Abigail nifer o roddion ynghyd, llwythodd yr asynnod a mynd i gwrdd â Dafydd a'i ddynion. Taflodd ei hun wrth draed Dafydd, ac yna, mewn un o'r areithiau hiraf gan ferch a gofnodwyd yn yr Hen Destament, gwnaeth ddadl wych a huawdl dros heddwch. Roedd ei rhesymeg yn apelio at falchder Dafydd ac yr oedd yn dwyn perswâd o safbwynt diwinyddol ac yn synhwyrol o ran strategaeth. Roedd hi'n dangos parch; yn ddiymhongar ac yn gofyn maddeuant; cynigiodd roddion; ac yn olaf atgoffodd Dafydd mai pwrpas bywyd yw gwasanaethu Duw, ac un diwrnod y byddai ef yn 'arweinydd dros Israel' ac felly y dylai aros yn bur (1 Samuel 25:30).

Newidiodd araith Abigail feddwl Dafydd, ac ymatebodd â'r geiriau: 'Bendith ar dy gyngor … yr wyf wedi gwrando arnat' (1 Samuel 25:33, 35).

Roedd yr hyn a wnaeth Abigail y diwrnod hwnnw yn eithriadol o fentrus a dewr; gallai ei chyfarfod â Dafydd fod wedi mynd yn groes i'w bwriad gan achosi canlyniadau dychrynllyd. Yn ogystal â hynny, roedd hi hefyd mewn perygl o gynddeiriogi ei gŵr. Unwaith iddi gyrraedd adref, dywedodd wrtho am yr hyn yr oedd wedi'i wneud. Roedd wedi'i syfrdanu, 'aeth ei galon yn farw o'i fewn ac aeth yntau fel carreg' (1 Samuel 25:37). Mae'n debygol iddo gael strôc neu drawiad ar y galon, a bu farw ddeg diwrnod yn ddiweddarach.

Roedd gweithredoedd hirben Abigail wedi achub llawer o fywydau, ond nid yw'r stori'n dod i ben yn y fan honno. Clywodd Dafydd am farwolaeth Nabal, anfonodd am Abigail ac fe ddaeth hi'n drydedd wraig iddo ac yn fam i'w ail fab.[7]

Myfyrdod

Wrth i ni gofio Abigail, gadewch i ni weddïo dros bawb sy'n gweithio dros heddwch, dros y rhai sy'n gwneud hynny ar lwyfan cenedlaethol a byd-eang, a dros y rhai sy'n ymdrin â gwrthdaro ar lefel leol. Gadewch i ni hefyd gofio'r rhai sy'n byw gyda phartneriaid sy'n ymddwyn yn dreisgar ac sy'n ei chael hi'n anodd i gadw heddwch yn eu cartrefi eu hunain.

Gweddi

O Dduw,
ffynhonnell pob dymuniad sanctaidd, pob cyngor da,
a phob gweithred gyfiawn:
dyro i'th weision y tangnefedd na all y byd ei roddi;
fel y bo i ni, gan ufuddhau i'th orchmynion,
a'n gwared gennyt rhag ofn ein gelynion,
dreulio ein hamser mewn heddwch a thangnefedd;
trwy Iesu Grist ein Harglwydd. Amen.
Yr Ail Golect am Dangnefedd, o'r Llyfr Gweddi Gyffredin
Mil a Mwy o Weddïau, gol. Edwin C. Lewis

Brenhines Sheba:
ceisydd doethineb

> Pan glywodd brenhines Sheba am fri Solomon, daeth i'w brofi â chwestiynau caled. Daeth i Jerwsalem gyda gosgordd niferus iawn – camelod yn cludo peraroglau a stôr fawr o aur a gemau. Pan ddaeth hi at Solomon, dywedodd wrtho'r cwbl oedd ar ei meddwl, ac atebodd yntau bob un o'i gofyniadau; nid oedd dim yn rhy dywyll i'r brenin ei esbonio iddi.
> 1 BRENHINOEDD 10:1–3

Mae brenhines Sheba yn adnabyddus, ond mae'r manylion yn y Beibl mewn gwirionedd braidd yn brin, ac o chwedlau, barddoniaeth, celf a myth y daw'r rhan fwyaf a wyddom amdani. Yn nhraddodiad Ethiopia fe'i gelwir yn *Makeda* ac yn y traddodiad Islamaidd a Yemeni *Bilquis* yw hi. Yn ddiamau hi yw'r ferch fwyaf egsotig ac enigmatig yn y llyfr hwn, ac yn amlwg yn wahanol i'r holl ferched eraill: llywodraethwr benywaidd o wlad bellennig, yn eithriadol o gyfoethog ac, y mae'n ymddangos, yn annibynnol o unrhyw ddyn neu o grŵp cymdeithasol neilltuol. Ochr yn ochr â hyn, beth sy'n ei gosod ar wahân yw fod ei thaith yn un o chwilfrydedd deallusol yn fwy na dim arall. Mae hi yn ferch sy'n hoffi doethineb ac yn fodlon teithio'r byd i'w geisio.

Roedd teyrnas Sheba (neu Saba), ynghyd â Tyrus ac Israel yn un o rymoedd masnachu'r cyfnod. Cred ysgolheigion ei bod wedi'i lleoli i'r de o anialwch Arabia yn Yemen ein dyddiau ni, er bod rhai yn hawlio ei bod hi'n dod o Ethiopia. Pa un bynnag sy'n wir, mae'n amlwg ei bod wedi'i lleoli'n dda i fasnachu mewn aur, arian a sbeisys rhwng Asia, Affrica a gwledydd i'r gogledd. Clywodd y frenhines adroddiadau, mae'n debyg gan fasnachwyr teithiol, mai'r Brenin Solomon oedd y dyn doethaf yn y dwyrain. Roedd hi eisiau ei gyfarfod drosti'i hun ac felly fe gychwynnodd ar y daith hir i Jerwsalem.

Cyrhaeddodd deml Solomon gyda gosgordd enfawr, oedd yn cynnwys camelod, sbeisys, gemau ac aur. Rhoddion i'r brenin oedd y rhain fel y byddai'n ddisgwyliedig ar ymweliad brenhinol. Mae'n ymddangos nad ei gyfoeth a'i balas enfawr oedd ei phrif ddiddordeb yn y brenin, ond yn hytrach chwilfrydedd deallusol dilychwin: 'Pan ddaeth hi at Solomon, dywedodd wrtho'r cwbl oedd ar ei meddwl, ac atebodd yntau bob un o'r gofyniadau; nid oedd dim yn rhy dywyll i'r brenin ei esbonio iddi.'

Roedd yn llawn edmygedd o ddeallusrwydd a doethineb Solomon, a'r dull yr oedd ef yn rheoli ei ymerodraeth. Arweiniodd hyn iddi foli Duw am yr hyn oll a welodd: 'Bendith ar yr Arglwydd dy Dduw, a'th hoffodd di ddigon i'th osod ar orseddfainc Israel' (1 Brenhinoedd 10:9).

Trosglwyddwyd y rhoddion o aur, sbeisys a'r gemau ac yna ar ôl i'r frenhines ddysgu cymaint ag y gallai gan Solomon, cychwynnodd yn ôl am ei mamwlad.

Myfyrdod

Un o'r llawer o resymau pam rwyf yn hoffi fy swydd fel caplan prifysgol yw bod ynghanol cymaint o bobl ifanc sy'n awchu am wybodaeth ac sy'n cysegru eu bywydau i ddysgu a cheisio dealltwriaeth. Fel brenhines Sheba, maent yn teithio'r byd yn y gobaith o ddarganfod atebion i rai o'u cwestiynau.

Mae yna wahaniaeth serch hynny rhwng gwybodaeth a doethineb. Gellir cynyddu mewn gwybodaeth drwy ddarllen, ymchwilio a chasglu ffeithiau, ond mae doethineb yn defnyddio dirnadaeth, barn a dealltwriaeth i gymryd yr wybodaeth a'i defnyddio er gwell. Byddaf yn aml yn rhyfeddu sut mae'r bobl fwyaf deallus ambell dro yn gallu gwneud y penderfyniadau mwyaf ffôl!

Un o'r pethau da wrth dyfu'n hŷn yw gwybod y daw doethineb yn aml gydag aeddfedrwydd, yn enwedig os ydym yn fodlon dysgu o'n camgymeriadau a newid.

Yn Llyfr y Diarhebion portreadir doethineb fel merch sy'n galw'n uchel yn y strydoedd, yn codi ei llais ar i ddynion a merched ddod i adnabod Duw (Diarhebion 1:20). Gadewch i ni weddïo am ddoethineb, i ni ein hunain a'n harweinwyr.

Gweddi

O raslon a sanctaidd Dad,
rho inni ddoethineb i'th ganfod di,
deallusrwydd i'th ddeall di,
dyfalbarhad i'th geisio di,
amynedd i'th ddisgwyl di,
llygaid i'th weled di,
calon i fyfyrio arnat ti,
a bywyd i'th gyhoeddi di,
drwy nerth Ysbryd
ein Harglwydd Iesu Grist. Amen.
Benedict o Nursia (c. 480–543)
Mil a Mwy o Weddïau, gol. Edwin C. Lewis

Esther: ar gyfer y fath amser â hwn

Rhoddodd [Mordecai] iddo [Hathach] hefyd gopi o'r wŷs a gyhoeddwyd yn Susan, yn gorchymyn eu dinistrio [yr Iddewon], er mwyn iddo yntau ei dangos a'i hegluro i Esther, a dweud wrthi am fynd at y brenin i ymbil ag ef ac erfyn arno dros ei phobl. Aeth Hathach a dweud wrth Esther yr hyn a ddywedodd Mordecai, a rhoddodd hithau iddo'r neges hon i Mordecai, '… Nid oes ond un ddedfryd yn aros unrhyw ŵr neu wraig sy'n mynd i'r cyntedd mewnol at y brenin heb wahoddiad, sef marwolaeth …' Pan glywodd Mordecai neges Esther, dywedodd wrthynt am ei hateb fel hyn, 'Paid â meddwl y cei di yn unig o'r holl Iddewon dy arbed, am dy fod yn byw yn nhŷ'r brenin. Os byddi'n gwrthod siarad yn awr, daw ymwared a chymorth i'r Iddewon o le arall, ond byddi di a thŷ dy dad yn trengi. Pwy a ŵyr nad ar gyfer y fath amser â hwn y daethost i'r frenhiniaeth?'
ESTHER 4:8–14

Bûm yn ymweld ag Auschwitz-Birkenau yng Ngwlad Pŵyl rai blynyddoedd yn ôl. Nid anghofiaf byth drymder y lle, a phwysau drygioni llethol. Nod y Natsïaid oedd difa'r Iddewon. Nid yw hyn yn newydd, ac mae Llyfr Esther yn adrodd am yr ymdrech gyntaf i ddifa'r Iddewon yn 480–460 CC.

Yn nes ymlaen darllenwn am ymadawiad y Frenhines Fasti o balas y Brenin Persiaidd Ahasferus. Agorodd hyn y drws i un o arwresau mwyaf yr ysgrythurau Hebraeg, Esther, a chaiff ei stori ei hailadrodd yn flynyddol yn ystod gŵyl y Pwrim.

Merch Iddewig amddifad oedd Esther a gafodd ei magu gan ei hewythr Mordecai, ac roedd yn wahanol iawn i'r Fasti aristocrataidd. Anfonodd y brenin ei weision i chwilio am wraig newydd iddo, a chludwyd merched ifanc o bob rhan o'r wlad i'r palas i ymuno â'r harîm. Paratowyd y merched hyn ar gyfer eu 'cyfweliad' gyda'r brenin: trefn sarhaus mewn gwirionedd lle roedd merch wahanol yn cael rhyw gyda'r brenin bob nos. Roedd ganddo rym llwyr, ac ni allai neb fynd i'w gyntedd heb wahoddiad ganddo, neu fe allent wynebu marwolaeth.

Roedd Esther yn 'ferch deg a phrydferth', ac fe'i gwnaed yn frenhines gan y brenin yn lle Fasti. Fodd bynnag, roedd ganddi gyfrinach: ni ddywedodd wrth neb ei bod yn Iddewes, ac fe barhaodd i gadw mewn cysylltiad â Mordecai, oedd yn treulio'i amser yn eistedd wrth borth y brenin, efallai er mwyn iddo glywed newyddion am ei ferch fabwysiedig.

Pe byddai hon yn chwedl dylwyth teg a'r Frenhines Esther yn dywysoges, yna daw y dihiryn drwg i'r golwg yn awr: Haman, a ddyrchafwyd gan y brenin i fod yn 'brif swyddog' iddo. Dyn ofer a balch ydoedd, ac yr oedd Haman yn mynnu bod pawb yn ymgrymu iddo. Pan wrthododd Mordecai ymgrymu, gan fod ei deyrngarwch i Dduw, roedd Haman yn gynddeiriog a defnyddiodd hyn fel esgus i gynllwynio i 'ddifa cenedl Mordecai, sef yr holl Iddewon' (Esther 3:6). Cytunodd y brenin yn oddefol i'w gynnig ac anfonwyd allan y gorchymyn i ddifa'r Iddewon. Roedd Esther yn sobor o drist, a gofynnodd Mordecai iddi fynd ac ymbil ar y brenin, gan ddweud wrthi ei bod wedi ei gosod yn y palas 'ar gyfer y fath amser â hwn' i helpu ei phobl. Sylweddolodd Esther y byddai'n rhaid iddi droedio'n ofalus – cofiodd beth ddigwyddodd i Fasti.

Cymerodd Esther reolaeth o'r sefyllfa, gan ofyn i'r Iddewon ymprydio (ac, fe gymerwn yn ganiataol, i weddïo) am dri diwrnod. Yna aeth at y brenin i ofyn iddo a gâi baratoi gwledd iddo ef a Haman. Roedd y brenin wrth ei fodd, gan gynnig iddi unrhyw beth yr oedd arni ei eisiau. Datgelodd Esther ei chefndir a dywedodd wrth y brenin am y gyflafan oedd ar fin digwydd: 'Fy nghais a'm dymuniad yw fy mod i a'm pobl yn cael ein harbed' (Esther 7:3).

Agorwyd llygaid y brenin i'r hyn oedd yn cael ei wneud yn ei enw, lladdwyd yr Haman drygionus ar ei grocbren ei hun ac fe arbedwyd yr Iddewon. Fel tro yng nghynffon y stori, cafodd Mordecai safle Haman yn y palas a rhoddwyd ei dŷ a'i dylwyth i Esther a'i hewythr: 'Ym mhob talaith a dinas lle daeth gair a gorchymyn y brenin, yr oedd yr Iddewon yn gwledda ac yn cadw gŵyl yn llawen a hapus' (Esther 8:17). Sefydlwyd gŵyl y Pwrim, a phob blwyddyn parheir i gofio am Esther.

Myfyrdod

Rydym i gyd yn wynebu amseroedd pan fydd gennym ddewis naill ai i godi llais yn erbyn anghyfiawnder neu i gadw'n dawel. Gallaf gofio gyda chywilydd sawl gwaith rwyf wedi dewis yr ail lwybr. Rydym yn dod yn fwyfwy ymwybodol o'r gwahaniaethu parhaol sy'n wynebu rhai o'r grwpiau lleiafrifol yn ein cymdeithas, megis pobl LHDTC+ a phobl ddu, ac yn drist iawn, hyd yn oed nawr, nid yw cymunedau'r eglwys yn llefydd diogel i lawer. Roedd Esther yn y lle perffaith i rwystro anghyfiawnder rhag digwydd, ond bu'n rhaid iddi fod yn ddewr. Oes yna sefyllfa lle y gallwn ni gael ein galw i leisio barn? Efallai ein bod wedi cael ein rhoi yn y lle hwnnw 'ar gyfer y fath amser â hwn'.

Gweddi

Cofia ni, Arglwydd; datguddia dy hun yn amser ein gorthrymder. Rho ddewrder i mi, ti Frenin y duwiau ac Arglwydd pob gallu. Rho i'm gwefusau ymadrodd cymwys o flaen y llew … Gwared ni drwy dy nerth, a chymorth fi sy'n unig, nad oes gennyf neb ond tydi, Arglwydd. Amen.
Llyfr Esther yn yr Apocryffa 14:12–14

Merched drwg?

Mae gan rai o ferched yr Hen Destament enw am fod yn ddrwg. Ambell dro mae hyn yn cael ei amlygu'n glir yn eu gweithredoedd (Delila, Athaleia), ond y mae eraill sydd yn cael eu condemnio mewn modd o bosibl sydd ychydig yn annheg (gwraig Lot, gwraig Potiffar, Jesebel). Mewn cymdeithas ble y disgwylid mor aml i ferched fod yn ufudd ac yn addfwyn, dewisodd y merched hyn lwybr gwahanol. Mae Duw yn gallu defnyddio 'merched drwg' y Beibl hyd yn oed er mwyn dwyn ei fwriadau i ben.

24

Gwraig Lot: y ferch a droes

> Yna glawiodd yr Arglwydd frwmstan a thân dwyfol o'r nefoedd ar Sodom a Gomorra. Dinistriodd y dinasoedd hynny a'r holl wastadedd, a holl drigolion y dinasoedd, a chynnyrch y pridd. Ond yr oedd gwraig Lot wedi edrych yn ei hôl, a throdd yn golofn halen.
> GENESIS 19:24–26

Fel yn achos llawer o ferched y Beibl, wyddom ni ddim beth yw enw ein merch nesaf, dim ond mai gwraig Lot oedd hi. Gwyddom fod ganddi ddwy ferch a'i bod yn byw yn Sodom, tref a chanddi enw arbennig o ddrwg. Er mai ychydig a wyddom am ei bywyd, fe'i cofir yn bennaf am y ffordd y bu farw. Mae'n stori hynod.

Nai Abraham oedd Lot, ac fe ymsefydlodd yng Ngwastadedd yr Iorddonen, a adnabyddir yn well fel Sodom, tra ymsefydlodd Abraham yng ngwlad Canaan. Anelu am ddinas Sodom a wnaeth yr ymwelwyr angylaidd a fu'n ymweld ag Abraham a Sara. Cyfarchodd Lot hwy gan eu gwahodd i'w gartref, ble y darparodd ei wraig wledd iddynt. Fodd bynnag, buan yr amgylchynodd 'pawb o bob cwr o'r ddinas' y tŷ, gan fynnu i'r ymwelwyr gael eu trosglwyddo iddynt hwy 'inni gael cyfathrach â hwy' (Genesis 19:5). Gwrthododd Lot adael i'r dynion fynd i mewn i'w dŷ, ac yn lle hynny cynigiodd iddynt ei ferched ei hun, a oedd yn wyryfon.

Mae llawer wedi cael ei ysgrifennu am y darnau hyn mewn perthynas â rhywioldeb, ac y maent wedi cael eu defnyddio fel cyfiawnhad dros anfodlonrwydd Duw ynghylch perthynas un rhyw. Ond nid darn am berthynas yw hwn, boed hynny'n un rhyw neu fel arall; darn am drais ydyw. Roedd gwŷr Sodom yn awyddus i dreisio ymwelwyr Lot, felly fe'u hamddiffynnodd ef hwy mewn modd arswydus drwy gynnig ei ferched ei hun iddynt yn lle hynny. Gwnaeth yr ymwelwyr angylaidd wŷr afreolus Sodom yn ddall fel na allent ddod o hyd i'r drws, gan annog aelodau'r teulu fel hyn: 'Dianc am dy einioes; paid ag edrych yn ôl, na sefyllian yn y gwastadedd; dianc i'r mynydd rhag dy ddifa' (Genesis 19:17).

Wrth i'r teulu ffoi mewn pryd dinistriwyd dinas Sodom a'r un gyfagos Gomorra mewn cawod o 'frwmstan a thân', ond edrychodd gwraig Lot, a fu'n rhedeg y tu ôl iddynt, yn ei hôl. Fe'i trowyd ar unwaith yn golofn o halen.

Pam yr edrychodd hi'n ôl? Pam halen? Efallai nad oedd ganddi ffydd – ond mae hyn yn ymddangos yn llym dros ben; mae'r Beibl yn llawn o bobl heb ffydd na chawsant eu trawsnewid yn yr un modd. Tybed ai edrych yn ôl a wnaeth oherwydd ei bod yn galaru am y lle a oedd yn llawn o'i hatgofion; neu efallai ei bod wedi teimlo'n agosach at bobl Sodom nag at ei gŵr, a fyddai'n cynnig ei ferched ei hun er mwyn amddiffyn rhyw ymwelwyr; neu efallai mai wedi ei brawychu yr oedd, ac wedi fferru oblegid yr arswyd yr oedd yn ei weld.

Myfyrdod

Mae Asiantaeth Ffoaduriaid y Cenhedloedd Unedig yn amcangyfrif bod bron i 80 miliwn o bobl sydd wedi eu dadleoli o'u hanfodd yn y byd heddiw, gyda 37,000 o bobl yn ffoi o'u gwledydd bob dydd oherwydd gwrthdaro neu erledigaeth. Mae gwraig Lot yn ein hatgoffa o'r miloedd o ferched sydd yn cael eu gorfodi i ffoi o'u cartrefi bob dydd o ganlyniad i drais, rhyfel neu drychineb naturiol. Mae hi'n ein hatgoffa o bob un sydd yn edrych yn ôl ac yn cofio'r rhai a adawsant ar ôl.

Gweddi

Dad Nefol, rwyt ti'n troi dy wyneb tuag at y rhai sydd mewn trafferthion ac yn croesawu gyda breichiau agored y rhai sydd yn troi atat ti. Bendithia bawb sydd yn wynebu dyfodol ansicr, yn arbennig ffoaduriaid. Rho iddynt dy nerth a chynorthwya dy blant i gyd i droi mewn ffydd tuag at dy gariad. Amen.

25

Gwraig Potiffar: yr hudoles

> Yr oedd Joseff yn olygus a glân, ac ymhen amser rhoddodd gwraig ei feistr ei bryd ar Joseff a dweud, 'Gorwedd gyda mi.' Ond gwrthododd, a dweud wrth wraig ei feistr, 'Nid oes gofal ar fy meistr am ddim yn y tŷ; y mae wedi rhoi ei holl eiddo yn fy ngofal i. Nid oes neb yn fwy na mi yn y tŷ hwn, ac nid yw wedi cadw dim oddi wrthyf ond tydi, am mai ei wraig wyt. Sut felly y gwnawn i y drwg mawr hwn, a phechu yn erbyn Duw?' Ac er iddi grefu ar Joseff beunydd, ni wrandawodd arni; ni orweddodd gyda hi na chymdeithasu â hi.
> GENESIS 39:6b–10

Un o'r pethau y byddwch yn sylwi'n fuan arno wrth ddarllen am y merched yn yr Hen Destament yw mai yn aml dim ond un nodwedd y caniateir iddynt ei chael – chwaer genfigennus, gwraig ddi-blant, putain – tra bod y dynion yn llawer mwy tebygol o fod yn gymhleth ac yn amlochrog. Mae Joseff yn enghraifft dda o hyn. Ef oedd hoff fab Jacob a Rachel ac roedd wedi derbyn gwisg arbennig fel y gwyddai pawb fod ei dad 'yn caru Joseff yn fwy na'i holl blant' (Genesis 37:3). Yr oedd hefyd yn freuddwydiwr, yn frawd a oedd yn ddigon i wylltio'i frodyr ac, mae'n debyg, braidd yn ffroenuchel. Ond roedd hefyd yn alluog, yn ffyddlon ac yn ddyfeisgar. Mae ei gymeriad yn cael cnawd ac esgyrn, digon i sicrhau ganrifoedd lawer yn ddiweddarach y byddai hyd yn oed sioe gerdd yn cael ei chyfansoddi amdano.

Ar y llaw arall, dim ond mewn un ffordd y mae gwraig Potiffar yn cael ei phortreadu: hudoles. Nid ydym yn dod i wybod llawer am ei bywyd – a oedd ganddi blant, a oedd hi'n feistres garedig neu anodd, neu sut un oedd Potiffar, swyddog i frenin yr Aifft (Pharo), fel gŵr. Ni wyddom ei henw hyd yn oed. Mae'n debygol ei bod yn byw mewn moethusrwydd gan fod ganddi weision a thŷ mawr, ac mae'n bur debyg bod ganddi lawer o amser ar ei dwylo ac ychydig iawn o ffyrdd o lenwi'r amser hwnnw. Hynny yw, hyd nes i ddyn ifanc o Hebrëwr ymuno â gweision y tŷ gan ddringo i fyny'r rhengoedd i ddod yn arolygwr, fel fersiwn ifanc o Mr Carson o *Downton Abbey*.

Roedd Joseff yn amlwg yn ddeniadol, a dechreuodd Mrs Potiffar ei ddilyn. Un diwrnod gwnaeth gynnig uniongyrchol iddo drwy ddweud, 'Gorwedd gyda mi.' Adroddir y stori fel pe bai'r atyniad yn unochrog, ond mae'n bosibl iawn nad felly'n union yr oedd y sefyllfa. Mae holl nodweddion perthynas 'llawr uchaf-llawr gwaelod' *Downton Abbey* i'w gweld yma. Fodd bynnag, roedd Joseff yn gwybod y byddai, pe cysgai gyda hi, yn peryglu ei swydd, ei safle yn y tŷ a hyd yn oed ei fywyd: cosb godineb oedd marwolaeth. Roedd Joseff hefyd yn ffyddlon i Dduw: 'Sut felly y gwnawn i y drwg mawr hwn, a phechu yn erbyn Duw?'

Gwrthododd Joseff, ond dyfalbarhaodd Mrs Potiffar, hyd nes y trodd yn ei erbyn wedi iddi gael ei gwrthod un waith yn ormod, ac yn ei dicter fe'i cyhuddodd o ymosod arni.

Ni chlywn unrhyw beth pellach am wraig Potiffar; roedd ei swyddogaeth fel 'hudoles' wedi cael ei chyflawni. Cafodd Joseff ei garcharu ar fyrder, a dechreuodd ddehongli breuddwydion. Arweiniodd hyn at iddo gael ei gyflwyno i Pharo ei hun a dod yn brif gynorthwywr i frenin yr Aifft, gan achub pobl rhag newyn yn ystod tymor o sychder. Byddai Mrs Potiffar yn sicr o fod wedi dod ar draws Joseff tra oedd yn y safle yma, ond ni allwn ond dyfalu ai ei osgoi a wnaeth neu barhau i geisio hudo'r dyn ifanc golygus o Hebrëwr.

Myfyrdod

Mae llawer o'r merched yn yr ysgrythurau Hebreaidd yn cael eu portreadu'n ddioddefwyr diniwed, a oedd yn aml yn dawel, ond mae gwraig Potiffar yn torri'i chwys ei hun. Mae'n hawdd bod yn feirniadol o wraig o'r fath, ond efallai ei bod o gymorth inni gofio bod yna hanesion niferus am ddynion yn gwneud pethau llawer gwaeth na hyn, ac i holi'n hunain a yw ein teimlad o ddicter moesol yn un teg. Os nad yw, efallai mai'r rheswm am hynny yw ein bod yn parhau i feddwl am ferched fel 'y rhyw deg' a'n bod yn teimlo'n anghysurus wrth feddwl am ferched sydd yn rhywiol hyderus.

Gweddi

O Dduw ein Tad, clyw fi, sydd yn crynu yn y tywyllwch yma, ac estyn dy law ataf; dal dy olau o'm blaen; galw fi'n ôl o'm crwydradau; a bydd di yn dywysydd imi. Tyn fi'n ôl ataf fy hun ac atat ti. Amen.
Awstin o Hippo (354–430)

26

Delila: pam, pam, pam?

> Ar ôl hyn, syrthiodd [Samson] mewn cariad â dynes yn nyffryn Sorec, o'r enw Delila. Daeth arglwyddi'r Philistiaid ati a dweud wrthi, 'Huda ef, i gael gweld ymhle y mae ei nerth mawr, a pha fodd y gallwn ei drechu a'i rwymo a'i gadw'n gaeth. Yna fe rydd pob un ohonom iti un cant ar ddeg o ddarnau arian.' Dywedodd Delila wrth Samson, 'Dywed i mi ymhle y mae dy nerth mawr, a sut y gellir dy rwymo i'th gadw'n gaeth?'
> BARNWYR 16:4–6

Mae'n siŵr ein bod ni i gyd wedi cydganu clasur Tom Jones i 'Delila'. Mae'n gân hynod o dywyll am wraig a ddaliwyd mewn godineb ac a lofruddiwyd gan ei chariad. Mae hanes Delila yn Llyfr y Barnwyr hefyd yn stori dywyll, ond y tro hwn y dyn yn hytrach na'r wraig sydd yn marw.

Mae Delila'n enghraifft glasurol o ferch arall nodweddiadol: yr hudoles, merch sydd yn ddeniadol, yn ddeallus ac yn brydferth. Fel arfer mae hi'n osgoi bywyd teuluol, yn cael ei hystyried yn beryglus ac yn defnyddio'i hystrywiau i achosi cwymp dyn a ystyrid gynt yn anorchfygol. Gallem feddwl am Salome ('Yr wyf am iti roi imi ben Ioan Fedyddiwr'), Cleopatra neu Carmen. Mae Christine Keeler o sgandal Profumo a Villanelle yn *Killing Eve* yn enghreifftiau mwy diweddar.

Roedd Samson yn farnwr yn Israel mewn cyfnod pan oedd yr Israeliaid yn cael eu rheoli gan y Philistiaid. Roedd ei fam wedi cael neges broffwydol amdano pan anwyd ef ac wedi ei gyflwyno i Dduw fel nasiread, a olygai y byddai'n ymwrthod ag alcohol, yn gadael i'w wallt dyfu ac nad oedd i ddod i gysylltiad â'r meirw. Roedd Samson yn rhyfela mewn brwydr breifat yn erbyn y Philistiaid, ac oherwydd i'r Israeliaid gael buddugoliaeth enfawr yn y frwydr, ystyrid mai Samson oedd arwr cryfaf a mwyaf nerthol ei gyfnod. Roedd yn ymddangos yn anorchfygol. Hynny yw, hyd nes iddo gyfarfod ei hudoles.

Delila yw'r unig ferch yn stori Samson sydd yn cael ei henwi (mae'n eironig mai 'eiddil' yw ystyr yr enw), ac fe syrthiodd Samson dros ei ben a'i glustiau mewn cariad â hi. Mae'n annhebygol eu bod yn briod. Gwelodd rheolwyr y Philistiaid y gallai hi fod yn ddefnyddiol iawn iddynt a cynigiodd pob un ohonynt y swm enfawr o 1,100 darn o arian yn gyfnewid am wybodaeth am wendid Samson er mwyn iddynt allu ei drechu mewn brwydr. Dyma'r dirgelwch nad oedd am i unrhyw un ddod i wybod amdano: cyfrinach ei gryfder.

Wyddom ni ddim pam y cytunodd Delila i fradychu Samson. Ai o deyrngarwch i'w phobl, o gasineb at Samson neu er mwyn cael yr arian. Beth bynnag oedd ei chymhelliad, defnyddiodd bob un o'i hystrywiau perswâd i ddarganfod ei gyfrinach: ymbiliodd – 'Dywed i mi ymhle y mae dy nerth mawr'; cymerodd arni ei bod wedi ei brifo – 'Dyma ti wedi gwneud ffŵl ohonof a dweud celwydd wrthyf'; siaradodd yn bendant – 'Dywed wrthyf yn iawn sut y rhwymir di' (Barnwyr 16:13).

Chwaraeodd Samson y gêm am ychydig, gan gynnig iddi dair ffordd o'i rwymo, gan ddefnyddio llinynnau bwa, rhaffau newydd neu gudynnau o wallt (Barnwyr 16:7–14). Ond torrodd yn rhydd bob tro. Dyfalbarhaodd hithau, gan swnian, sydd yn air a ddefnyddir yn aml wrth gyfeirio at ferched: 'Sut y medri di ddweud, "Rwy'n dy garu", a thithau heb ymddiried ynof?' … 'Ac oherwydd ei bod yn ei flino â'i geiriau, ddydd ar ôl dydd, ac yn dal i'w boeni nes ei fod wedi ymlâdd, fe ddywedodd ei gyfrinach yn llawn wrthi' (Barnwyr 16:15–17).

Unwaith yr oedd y gyfrinach ganddi, rhoddodd wybod i'r Philistiaid, ac fe dalasant hwythau iddi. Fe suodd hi Samson i gysgu ar ei glin, a daeth dyn arall i mewn a thorri ei wallt: diflannodd ei nerth. Yna fe'i dallwyd, a thaflwyd ef i'r carchar ble cafodd ei fychanu drwy gael ei orfodi i 'ddifyrru' ei warchodwyr (wyddom ni ddim yn union beth yw ystyr hynny). Ond aildyfodd gwallt Samson a dychwelodd ei nerth ac, yn y weithred olaf i ddangos ei nerth, tynnodd y colofnau i lawr ar ben pawb, gan ei ladd ei hun a'r Philistiaid a'i carcharodd. Wyddom ni ddim a oedd Delila yn eu plith. Credaf y byddai'n annhebygol iawn ei bod wedi aros yn y lle unwaith y cawsai ei harian. Yr oedd yn llawer rhy gyfrwys i hynny!

Myfyrdod

Roedd ffyrdd Samson a Delila o ddangos eu nerth yn wahanol iawn i'w gilydd. Nerth corfforol oedd gan Samson, ond er hynny fe'i defnyddiodd mewn modd treisgar ar adegau a dangosodd ei ymddygiad tuag at ferched rai gwendidau moesol. Delila oedd y gwannaf o'r ddau yn gorfforol, ond dangosodd hi gyfrwystra mawr a grym perswâd. Gall fod felly i ni ac eraill. Mae rhai ohonom yn ymddangos yn gryf o'r tu allan ac eto byddwn yn wan ac yn fregus y tu mewn; ac y mae eraill i'w gweld yn wan ac eto mewn adfyd mae eu gwroldeb fel y dur ac mae'r gallu ganddynt i wrthsefyll pob math o dreialon. Ysgrifennodd yr apostol Paul, dyn arall grymus yn y Beibl, am wendid corfforol, 'draenen yn y cnawd', y bu'n brwydro â hi ac y gofynnodd i Dduw ei thynnu ymaith. Nid oedd hyn i fod, ac fe glywodd Dduw yn dweud wrtho, 'Digon i ti fy ngras i; mewn gwendid y daw fy nerth i'w anterth' (2 Corinthiaid 12:9).

Gweddi

Arglwydd, ffynhonnell pob nerth, rydym yn cyffesu nad ydym bob amser yn defnyddio'r nerth yr wyt yn ei roi inni yn y ffordd yr wyt ti wedi ei fwriadu; ambell dro byddwn yn ei ddefnyddio i niweidio eraill neu er mwyn ein dibenion hunanol ein hunain; dro arall byddwn yn ofni'r nerth sydd gennym ac felly'n ymwrthod rhag ei ddefnyddio o gwbl. Rho inni'r nerth i fod yn dyner, y gallu i fod yn faddeugar a'r ffydd i ymddiried mai dy allu di yw'r cyfan y mae ei angen arnom. Amen.

27

Jesebel: ei barnu'n annheg?

> Mynegodd Ahab i Jesebel y cwbl yr oedd Elias wedi ei wneud, a'i fod wedi lladd yr holl broffwydi â'r cleddyf. Yna anfonodd Jesebel negesydd i ddweud wrth Elias, 'Fel hyn y gwnelo'r duwiau i mi, a rhagor, os na fyddaf wedi gwneud dy einioes di fel einioes un ohonynt hwy erbyn yr amser hwn yfory.' Ofnodd yntau a dianc am ei einioes.
> 1 BRENHINOEDD 19:1–3a

Roedd diwedd bywyd Jesebel yn un trasig: cafodd ei gwthio allan drwy ei ffenestr gan filwyr Jehu a syrthiodd i'w marwolaeth, yna sathrodd ceffylau ar ei chorff a chafodd ei bwyta gan gŵn a dim ond ei phenglog, ei thraed a chledrau ei dwylo oedd ar ôl. Dywedwyd mai dyma oedd cynllun Duw fel y cafodd ei ddatgelu gan y proffwyd Elias: 'Y cŵn fydd yn bwyta Jesebel wrth fur Jesreel' (1 Brenhinoedd 21:23).

Jesebel yw'r unig ferch yn y gyfres hon gyda'i diffiniad geiriadur ei hun. Diffinir 'Jezebel' mewn geiriaduron Saesneg fel merch ddigywilydd, haerllug neu anfoesol, ac y mae ei henw dros amser wedi'i gysylltu â thwyll, anfoesoldeb rhywiol, balchder ac eilunaddoliad. Wrth edrych ar fywyd Jesebel, nid yw hyn i gyd yn ymddangos yn ddisgrifiad teg.

Fe adroddir ei stori mewn darnau yn y Beibl ac, fel arfer, drwy'r dynion yn ei bywyd. Roedd yn ferch i Ethbaal brenin y Sidoniaid, ond symudodd i Israel pan briododd â'r Brenin Ahab. Fel yn aml, priodas wleidyddol oedd hon. Yn yr Hen Destament y pechod oedd yn gwylltio'r Arglwydd fwyaf oedd eilunaddoliaeth, pan fyddai pobl Dduw yn troi i ffwrdd i addoli duwiau gau. Roedd pobl Jesebel yn addoli Baal, y duw natur, ac fe gyflwynodd hi ei chredoau a'i harferion i'w gŵr, a mabwysiadodd yntau hwy yn frwdfrydig. Bu farw llawer o broffwydi Israel yn ôl ei gorchymyn hi, a bu'r rhai a lwyddodd i ddianc rhag cael eu lladd yn cuddio mewn ogof a'u cadw'n fyw gan Israeliad dewr o'r enw Obadeia (1 Brenhinoedd 18).

Un o'r proffwydi, Elias, a drefnodd i offeiriaid Baal gael eu lladd, ac fe gynddeiriogwyd Jesebel. Bygythiodd ef drwy ddatgan, 'Fel hyn y gwnelo'r duwiau i mi, a rhagor, os na fyddaf wedi gwneud dy einioes di fel einioes un ohonynt hwy [h.y. yn farw] erbyn yr amser hwn yfory.' Roedd Elias mor bryderus fel iddo ddianc i'r anialwch, lle y bu'n cuddio mewn ogof nes i'r Arglwydd ymddangos iddo mewn 'llef ddistaw fain' (1 Brenhinoedd 19:12 *Beibl William Morgan*) a'i gyfarwyddo i fynd yn ôl ac eneinio Jehu fel brenin nesaf Israel.

Roedd Jesebel yn bendant yn ferch i'w thrin yn ofalus, doedd wiw ei diystyru. Mae un stori yn dangos hyn wrth iddi ymyrryd yn ddidrugaredd mewn dadl gymdogol. Roedd Ahab eisiau prynu gwinllan gan ei gymydog Naboth, gan ei fod yn llecyn perffaith 'i fod yn ardd lysiau' (1 Brenhinoedd 21:2). Cynigiodd bris da amdani, ond nid oedd Naboth eisiau gwerthu cartref ei hynafiaid. Fe bwdodd Ahab, oedd wedi arfer cael ei ffordd ei hun: 'Bwriodd ei hun ar ei wely, a throi ei wyneb draw a gwrthod bwyta' (1 Brenhinoedd 21:4). Gwnaeth Jesebel benderfyniadau cadarn. Fe ffugiodd lythyrau yn enw ei gŵr a gosod trap i Naboth: cafodd ei gyhuddo o gabledd gan 'ddau ddihiryn' (1 Brenhinoedd 21:13). Ar ôl achos ffug a'i cafodd yn euog, aed ag ef allan a'i labyddio i farwolaeth. Roedd ei chynllun yn un clyfar tu hwnt oherwydd gallai'r brenin yn gyfreithlon feddiannu tir teuluol person oedd wedi'i gyhuddo o gabledd. Y weithred filain hon, ynghyd â'i heilunaddoliaeth, a arweiniodd at broffwydoliaeth Elias y byddai barn Duw yn dod ar y pâr.

Yn union cyn ei marwolaeth, ymddangosodd Jesebel yn y ffenestr, yn edrych i lawr ar Jehu, brenin newydd Israel. Pan glywodd Jesebel fod Jehu a'i fyddin ar eu ffordd, ni redodd i ffwrdd a chuddio ond paratoi i'w hwynebu. Fe 'golurodd ei hwyneb ac addurno ei phen' (2 Brenhinoedd 9:30), sy'n cael ei ddehongli gan rai fel ei bod yn ceisio denu Jehu. Ar y llaw arall fe allai fod wedi coluro ei hwyneb a gwisgo ei dillad brenhinol fel un sioe arall o awdurdod, ymgais olaf un i gynnal ei pharch a'i hurddas cyn iddi syrthio i'w diwedd erchyll. Ar ôl ei marwolaeth, lladdodd Jehu feibion Ahab a 'dileu Baal o Israel' (2 Brenhinoedd 10:28).

Myfyrdod

Roedd Jesebel yn bendant yn ferch ofnadwy. Roedd ei dewisiadau yn achosi marwolaeth a dioddefaint, ond dyna hefyd oedd rhan y dynion yn ei stori. Ac eto, ei henw hi sy'n cael ei ddefnyddio i ddisgrifio anfoesoldeb a thwyll merched i gyd. A yw hyn yn deg? Mae'n ffaith nad oes dim i awgrymu ei bod yn anfoesol yn rhywiol nac yn anffyddlon i'w gŵr: cafodd Ahab a hi blant, gofalodd amdano a'i dawelu pan oedd wedi gwylltio (1 Brenhinoedd 21:5). Mae merched pwerus yn aml yn codi ofn ar ddynion, ac y mae'n drist mewn gwirionedd, mewn byd lle mae dynion yn tra-arglwyddiaethu, fod merched yn rhy aml yn cael eu diraddio a'u gwawdio. Mae bywyd Jesebel yn enghraifft dda o hyn. Tybed a fyddai'n adnabod ei hun yn y rôl y cafodd ei chastio ynddi?

Gweddi

Dduw graslon, er nad ydym wedi dy garu di â'n holl galon,
na'n cymdogion fel ni ein hunain,
eto gweddïwn y byddi'n maddau i ni yr hyn a fuom,
yn ein cynorthwyo i wella'r hyn ydym,
ac yn dangos inni beth allwn fod;
drwy Iesu Grist ein Harglwydd. Amen.
John Hunter (1849–1917)

28

Athaleia: y frenhines ddialgar

> Pan welodd Athaleia, mam Ahaseia, fod ei mab wedi marw, aeth ati i ddifodi'r holl linach frenhinol. Ond cymerwyd Joas fab Ahaseia gan Jehoseba, merch y Brenin Joram a chwaer Ahaseia, a'i ddwyn yn ddirgel o blith plant y brenin, a oedd i'w lladd. Rhoed ef a'i famaeth mewn ystafell wely, a'i guddio rhag Athaleia, ac ni laddwyd ef. A bu ynghudd gyda hi yn nhŷ'r Arglwydd am chwe blynedd, tra oedd Athaleia'n rheoli'r wlad.
> 2 BRENHINOEDD 11:1–3

Unwaith ceisiais ddarllen *Anna Karenina* gan Dostoevsky, ond rhoddais y gorau iddi ar ôl drysu'n lân gan debygrwydd cymaint o'r enwau. Mae ein merch nesaf, y Frenhines Athaleia, yn ymddangos mewn rhan yr un mor gymysglyd o'r Beibl lle mae gan y cymeriadau enwau sy'n swnio'n debyg, a'r mwyafrif fel petaent yn dechrau gyda'r llythrennau J neu A. Mae gennym Joram, Jehoram, Jehosaffat, Jehoseba, Jehoas a Jehoiada, ac yr oeddynt yn byw yn Jesreel. Mae hyd yn oed yn fwy dryslyd gan ei bod yn amser pan oedd y tir yn cael ei rannu'n deyrnasoedd Jwda ac Israel, ac ar un adeg roedd gan frenhinoedd y ddwy genedl yr un enw (Jehoram, ond weithiau yn cael ei alw'n Joram, yn yr un darn)!

Athaleia oedd merch y Brenin Ahab a'r Frenhines Jesebel o Israel. Roedd yn briod â'r Brenin Jehoram o Jwda, ac mae'n debyg mai bwriad y briodas oedd uno'r ddwy deyrnas oedd mewn cystadleuaeth â'i gilydd. Ni ddigwyddodd felly. Roedd ei gŵr yn ddyn creulon iawn oedd wedi lladd ei chwe brawd er mwyn sicrhau'r orsedd a'i brawd oedd y Jehoram arall, brenin Israel ar y pryd.

Cafodd Athaleia a Jehoram blant, ond daeth trychineb pan ymosododd carfan gystadleuol o wrthryfelwyr oedd yn ceisio annibyniaeth ar eu palas a chipio ei theulu i gyd, gan adael ei mab ieuengaf yn unig, Ahaseia, ac ef yn y man a ddilynodd ei dad i'r orsedd. Blwyddyn yn unig barhaodd teyrnasiad Ahaseia, gan iddo gael ei lofruddio yn ystod ymweliad swyddogol ag Israel gan Jehu (brenin Israel), a orchmynnodd fod nid yn unig mab Athaleia ond ei holl deulu estynedig i gael eu llofruddio. Mewn manylyn ffiaidd ychwanegol, cawn wybod bod pennau 70 o'r tywysogion brenhinol a gafodd eu llofruddio wedi'u gosod mewn basged a'u hanfon yn becyn erchyll i Jehu.

O glywed beth ddigwyddodd i'w theulu, nid oedd Athaleia i'w gweld yn galaru am eu tranc; roedd hi'n poeni mwy am bŵer. Cyhoeddodd ei hun yn frenhines Jwda a rhoddodd bawb oedd ag unrhyw hawl i'r frenhiniaeth i farwolaeth, hyd yn oed lladd merched a phlant. Yr oedd yn gyfnod dychrynllyd yn hanes Israel.

Llwyddodd ei llysferch Jehoseba i achub un o wyrion Athaleia (Jehoas) rhag cael ei ladd, a chafodd ei ddwyn i fyny yn gyfrinachol gan offeiriad o'r enw Jehoiada. Fe anogodd yr offeiriad wrthryfel a chyhoeddi'r plentyn yn frenin pan nad oedd ond saith mlwydd oed. Roedd Athaleia yn gandryll a rhwygodd ei dillad, gan alw allan, 'Brad, brad!' (2 Brenhinoedd 11:14), ond roedd ei nadau yn ofer. Cafodd ei hebrwng allan ac fe'i dienyddiwyd yn ddiseremoni wrth giatiau'r palas: 'a daeth llonyddwch i'r ddinas wedi lladd Athaleia' (2 Brenhinoedd 11:20).

Myfyrdod

Athaleia yw'r unig ferch yn y llyfr hwn rwyf wedi gorfod ymdrechu i ddarganfod unrhyw beth sy'n ganmoladwy neu'n ddymunol amdani. Roedd yn greulon ac yn ysu am bŵer ac fe geisiodd ddileu llinach Jwda yn gyfangwbl. Bu'n rhaid i'w llysferch hyd yn oed guddio un o'i hwyrion ei hun rhagddi rhag ofn iddo gael ei ladd. Dylem nodi bod Athaleia wedi'i geni i fyd treisgar lle roedd ei dau riant wedi'u lladd yn greulon ac roedd ei gŵr hefyd yr un mor dreisgar. Efallai fod hyn yn rhoi ychydig o gyd-destun i'w gweithredoedd, ond y mae'n bwysig cofio bod merched yn gallu bod yn hollol ddrwg a bod yna droseddau ofnadwy wedi cael eu cyflawni gan ferched, nid yn unig yn eu herbyn.

Efallai mai'r cyfan y gallwn ei wneud wrth gael ein hwynebu gan gymaint o ddrygioni yw edrych ar y groes, lle cymerodd Iesu holl boen, trais a dioddefaint y byd arno'i hun a, gyda throseddwyr o'i amgylch, gwaeddodd, 'O Dad, maddau iddynt, oherwydd ni wyddant beth y maent yn ei wneud' (Luc 23:34).

Gallwn weddïo am faddeuant. Gallwn gofio bod Iesu wedi marw dros y troseddwr a'r creulon yn ogystal â'r rhai sy'n meithrin a gofalu. A gallwn sylweddoli bod gan bob un ohonom y gallu i fod yn greulon a threisgar hefyd, er nad ydym lawn mor ddrwg ag Athaleia!

Gweddi

O Dduw y Tad trugarog, sy'n araf i wylltio gyda phlant sydd mor barod i bechu: trin ni nid yn ôl ein haeddiant; ond agor freichiau dy dosturi, fel bod yr hyn rydym wedi ei golli drwy ein camweddau yn cael ei adfer drwy dy fendithion, a'n bod yn cerdded o hyn ymlaen yn dy ffordd di; drwy Iesu Grist ein Harglwydd. Amen.
Gweddi Ddyddiol, 1941

#NhwHefyd

Mae'n wirioneddol drist mai un o'r themâu amlwg sy'n rhedeg drwy unrhyw lyfr sy'n canolbwyntio ar fywydau merched mewn cymdeithas batriarchaidd yw'r profiad o gamdrin rhywiol, aflonyddu a thrais. Mae llawer o'r merched y sonnir amdanynt yn y llyfr hwn wedi wynebu trais a gorthrwm yn seiliedig ar eu rhyw. Yn aml ni chlywyd eu lleisiau (Dina, Bathseba) na'u credu (Swsanna), ac roedd pris i'w dalu am godi llais (Fasti). Yn drist iawn dyma yw profiad gormod o ferched hyd yn oed heddiw, fel y datgelwyd gan symudiadau diweddar #FiHefyd ac 'Everyone's Invited' yn y DU. Mae storïau'r grŵp nesaf o ferched yn rhai anodd i'w darllen, ond y maent hefyd yn hollbwysig er mwyn ein hatgoffa y dylem ni barhau i wrando ar leisiau merched a'r rhai sydd wedi goroesi trais.

29

Dina: anrhydedd neu gywilydd?

> Pan glywodd Jacob iddo [Sichem] halogi ei ferch Dina, yr oedd ei feibion gyda'i anifeiliaid yn y maes; ac felly ni ddywedodd ddim cyn iddynt ddod adref. Yna daeth Hamor tad Sichem allan i siarad â Jacob. Wedi i feibion Jacob gyrraedd o'r maes a chlywed am y peth, cynhyrfodd y gwŷr a ffromi'n fawr am i Sichem wneud tro ysgeler yn Israel trwy orwedd gyda merch Jacob, gan na ddylid gwneud felly.
> GENESIS 34:5–7

'Nid ydych yn f'adnabod i, ond rydych wedi bod oddi mewn i mi, a dyna pam rydym ni yma heddiw.' Mae'r geiriau hyn yn ffurfio rhan o ddatganiad effaith ar ddioddefwyr pwerus a ddarllenwyd mewn llys gan 'Emily', merch ifanc oedd wedi'i threisio'n rhywiol flwyddyn ynghynt a'i gadael yn anymwybodol a noeth tu ôl i fin sbwriel. Cafodd ei hymosodwr, person oedd yn anelu'n uchel ac yn gobeithio dod yn aelod o dîm nofio, ddedfryd o chwe mis yn y carchar, a rhoddwyd llawer o sylw i'w obeithion am yrfa ddisglair, ei deulu da a'r ffaith iddynt fod yn feddw. Yn ei datganiad, adroddodd 'Emily' am yr effeithiau negyddol a gafodd yr ymosodiad ar ei bywyd: 'Tan heddiw aethoch â'm hunan-werth, fy mhreifatrwydd, fy egni, fy amser, fy niogelwch, fy nghyfrinachedd, fy hyder a'm llais fy hun i ffwrdd.'[8]

Mae hanes Dina yn cynnwys trais rhywiol. Mae'n stori boenus am nifer o resymau, nid yn unig oherwydd natur y drosedd, ond hefyd gan ei bod hi'n anodd gwybod beth yn hollol ddigwyddodd, oherwydd, yn wahanol i Emily, ni chlywyd llais Dina ei hun: fe adroddir y stori yn gyfan gwbl o safbwynt y dynion o'i chwmpas.

Roedd gan Dina lawer o ddynion yn ei bywyd. Hi oedd unig ferch Jacob, wedi'i geni i'w wraig gyntaf Lea, ac yr oedd ganddi chwech o frodyr a chwech hanner brawd. Roedd y teulu yn byw yn agos at ddinas Sichem yng ngwlad Canaan, ac yr oedd cymuned gynnar Israel yn dysgu sut roedd hi i fod ar wahân oherwydd eu ffydd yn Iawe. Yr arwydd allanol o hyn oedd fod y dynion i gyd yn cael eu henwaedu; ond yr oeddynt hefyd yn ystyried y rheolau ynglŷn â rhyngbriodas gyda llwythau eraill yn yr ardal. Aeth Dina, yn dyheu efallai am gwmni merched eraill, 'allan i ymweld â gwragedd y wlad' (Genesis 34:1).

Tra oedd yn y dref daeth ar draws un o dywysogion yr Hefiaid, yntau wedi'i enwi yn Sichem. 'Fe'i cymerodd a gorwedd gyda hi a'i threisio' (Genesis 34:2). Mae'r testun yn egluro'n glir bod y weithred yn un dreisgar ac yn erbyn ei hewyllys, sy'n peri i'r digwyddiad nesaf fod mor gymhleth: 'Rhoddodd [Sichem] ei holl serch ar Dina merch Jacob; hoffodd y ferch, a siaradodd yn gariadus wrthi. Yna dywedodd Sichem wrth ei dad Hamor, "Cymer y ferch hon yn wraig i mi"' (Genesis 34:3–4).

Tra bu Hamor a Jacob yn trafod y trefniant, daeth brodyr Dina yn ôl o'u gwaith ac, wrth ddarganfod bod eu chwaer wedi cael ei 'halogi', aethant yn gynddeiriog a gwrthod caniatáu i'r briodas fynd yn ei blaen. Eu rhesymeg yn rhannol oedd fod 'tro ysgeler' wedi'i wneud, ond hefyd nid oedd Sichem wedi ei enwaedu ac felly roedd yn ddieithryn.

Dyfeisiodd y brodyr gynllun. Dywedasant wrth Sichem y gallai'r briodas, a phriodasau eraill rhwng yr Israeliaid a'r bobl leol, ddigwydd pe byddai'r dynion yn eu cymuned *i gyd* yn cael eu henwaedu. Cytunodd Sichem i hyn a chafodd ef a'r dynion yn yr ardal eu henwaedu: 'Nid oedodd y llanc wneud hyn, oherwydd yr oedd wedi rhoi ei serch ar ferch Jacob' (Genesis 34:19).

Manteisiodd dau o frodyr Dina, Simeon a Lefi, yn llawn ar hyn, a thra oedd dynion y Canaaneaid yn wan ac mewn poen, ymosodwyd arnynt, gan ladd pob dyn, ysbeilio eu cartrefi a chipio eu merched a'u plant. Llofruddiwyd Sichem a Hamor, ac 'achubwyd' Dina. Yr oedd yn drosedd arswydus arall.

Myfyrdod

Mae hwn yn ddarn anodd i fyfyrio arno, ond weithiau mae angen canolbwyntio yn weddigar ar y tywyllwch yn ein byd a chofio'r merched sy'n ddioddefwyr camdriniaeth a thrais rhywiol, ac sy'n dal i frwydro i'w lleisiau gael eu clywed. Mae yna nofel ardderchog gan Anita Diamant o'r enw *The Red Tent* (Macmillan, 2001), lle mae stori Dina wedi cael ei dychmygu'n wahanol, gyda Dina a Sichem mewn cariad gyda'i gilydd. Mae ei brodyr wedi eu dallu gan wylltineb a balchder ac yn tybio na fyddai eu hannwyl chwaer byth wedi cytuno i gael rhyw gyda dieithryn. Stori ddychmygol yn amlwg yw fersiwn Diamant, ond mae'n codi pwynt pwysig. A oedd Dina yn ferch oedd wedi cael ei threisio ac ar fin cael ei gorfodi i briodi yn erbyn ei hewyllys? Neu oedd hi'n ferch oedd yn caru rhywun nad oedd ei theulu yn ei gymeradwyo ac wedi talu pris ofnadwy? Ni chawn fyth wybod i sicrwydd. Heb lais y ferch yn cael ei glywed yn y stori, nid ydym ond yn cael hanner y gwir, nad yw yn wir o gwbl.

Gweddi

Ein Tad nefol, diolch nad wyt ti, drwy dy Fab, Iesu, yn bell o boenau dy blant. Mae ein calonnau yn galw arnat dros bawb sydd wedi profi poen a thrawma trais rhywiol. Gad iddynt brofi'r cariad a'r heddwch sy'n rhagori ar bob deall. Amen.

30

Tamar: cwymp a chyfiawnder

> Ymhen tri mis dywedwyd wrth Jwda, 'Bu Tamar dy ferch-yng-nghyfraith yn puteinio, ac y mae wedi beichiogi hefyd mewn godineb.' Dywedodd Jwda, 'Dewch â hi allan, a llosger hi.' A phan ddaethant â hi allan, anfonodd at ei thad-yng-nghyfraith i ddweud, 'Yr wyf yn feichiog o'r gŵr biau'r rhain.' A dywedodd hefyd, 'Edrych, yn awr, eiddo pwy yw'r rhain, y sêl a'r llinyn a'r ffon.' Adnabu Jwda hwy a dywedodd, 'Y mae hi'n fwy cyfiawn na mi, oherwydd na rois hi i'm mab Sela.' Ni orweddodd gyda hi ar ôl hynny.
> GENESIS 38:24–26

Mae yna olygfa yn y fersiwn gerddorol o *Les Misérables* lle mae Fantine, y fam ifanc sydd wedi'i diswyddo ac yn cael ei gorfodi i buteinio i gynnal ei phlentyn, yn cyfarfod y dyn a gyfrannodd at ei chwymp, Jean Valjean. Tan y foment honno nid oedd ganddo syniad o'r hyn roedd wedi'i wneud, a phan wynebodd hi ef, roedd ganddo ddewis sut i ymateb. Fe allai wadu pob gwybodaeth a mynd i ffwrdd, neu gallai ddewis llwybr anoddach o edifeirwch. Dewisodd yr ail. Ceir moment debyg o'r sylweddoli hwn yn stori Tamar a Jwda.

Fel Fantine, ni chafodd Tamar fawr o lwc gyda dynion. Er oedd enw ei gŵr cyntaf, mab hynaf Jwda, un o ddeuddeg o feibion Jacob. Roedd Er yn 'ddyn drygionus yng ngolwg yr Arglwydd' (Genesis 38:7) a bu farw'n ifanc. Roedd rheolau priodasol y Lefiaid yn datgan bod gweddw dyn a fu farw yn cael ei rhoi i'w frawd. Felly fe roddwyd Tamar mewn priodas i ail fab Jwda, Onan, yn y gobaith y byddai'n cael plentyn i barhau llwyth Jwda, ond bu farw Onan hefyd.

Yna anfonwyd Tamar yn ôl i dŷ ei thad i aros i fab ieuengaf Jwda, Sela, ddod i oed. Aeth amser heibio, daeth Sela yn oedolyn, ond ni threfnwyd priodas – roedd yn ymddangos bod Tamar wedi cael ei hanghofio ac yn wynebu bywyd o dlodi ac unigrwydd cymdeithasol. Penderfynodd gymryd materion i'w dwylo ei hun.

Pan glywodd fod Jwda yn mynd i fod yn agos yn Timnath, cafodd wared o'i dillad gweddw, gwisgodd orchudd ac eisteddodd ar ochr y ffordd yn disgwyl iddo fynd heibio. Sylwodd Jwda arni ond nid adnabu hi a, gan gymryd ei bod yn butain, fe gynigiodd ei hun iddi. Cytunodd hi i gysgu gydag ef yn gyfnewid am afr o'i ddiadell ac yn gall gofynnodd am ei fodrwy (fyddai'n cynnwys sêl i arwyddo cytundebau), y llinyn roedd yn hongian wrtho a'i ffon fel ernes. Cafodd Jwda ryw gyda hi ac yna'n hwyrach anfonodd ei was i chwilio amdani er mwyn adfeddiannu ei eiddo. Erbyn hynny nid oedd Tamar i'w gweld yn unman.

Mae'n drist o hyd ei bod hi'n gyffredin i ddynion gael safonau dwbl pan mae'n dod i anfoesoldeb rhywiol, ac mae ymateb Jwda yn enghraifft dda o hyn. Unwaith y mae'n clywed bod ei ferch-yng-nghyfraith yn feichiog, mae'n mynnu bod Tamar yn cael ei llusgo i'r sgwâr cyhoeddus i'w llosgi. Roedd hyn yn anarferol, ac er bod rheolau beiblaidd yn datgan cosbau llym am bechod rhywiol, nid oes tystiolaeth yn y Beibl eu bod wedi cael eu cyflawni erioed. Mae'n rhaid fod Tamar wedi dychryn, ond ar y funud dyngedfennol llwyddodd i ddangos tystiolaeth oedd yn achub ei cham. Fel Jean Valjean, roedd gan Jwda ddewis i naill ai gwadu a cherdded i ffwrdd neu wynebu'r hyn oedd wedi'i wneud. Dewisodd yr ail: adnabu Jwda y sêl, y llinyn a'r ffon a dywedodd, 'Y mae hi'n fwy cyfiawn na mi.'

Nid oedd gan Tamar fawr o reolaeth dros ei bywyd a chafodd ei throsglwyddo fel eiddo o un dyn i'r llall. Nid oedd hyn yn anghyffredin; beth sy'n rhyfeddol yw ei bod wedi cymryd y mater i'w dwylo ei hun, ac o wneud hyn, sicrhau etifeddion a gosod ei hun yn llinach teuluol Iesu ei hun (Mathew 1:3).

Myfyrdod

Mae stori Tamar yn ein hatgoffa o'r achlysur yn Efengyl Ioan lle cafodd merch ei llusgo o flaen torf oedd wedi ymgasglu a'i chyhuddo o anfoesoldeb rhywiol. Galwodd yr arweinwyr crefyddol am iddi gael ei llabyddio, ond rhwystrodd Iesu hynny gyda'r geiriau pwerus hyn: 'Pwy bynnag ohonoch sy'n ddibechod, gadewch i hwnnw fod yn gyntaf i daflu carreg ati' (Ioan 8:7).

Mae hi mor hawdd beirniadu eraill heb wybod y stori gyflawn, ac y mae'r safonau dwbl sy'n cyhuddo merched yn llawer mwy parod na dynion pan ddaw i anfoesoldeb rhywiol yn dal yn gyffredin.

Gweddi

Dduw doeth a graslon,
hyd yn oed yn y byd syrthiedig yma lle mae dy fywyd wedi'i wyrdynnu
fe'th ddatgelir drwy weithredoedd o ddewrder a thrugaredd.
Gad i ni wrthod temtasiynau hunanol a llwfr
ac yn lle hynny dewis ffordd gostus gwirionedd. Amen.
Philippa White

31
Bathseba: harddwch a'r bwystfil

> Un prynhawn yr oedd Dafydd wedi codi o'i wely ac yn cerdded ar do'r palas. Oddi yno gwelodd wraig yn ymolchi, a hithau'n un brydferth iawn. Anfonodd Dafydd i holi pwy oedd y wraig, a chael yr ateb, 'Onid Bathseba ferch Eliam, gwraig Ureia yr Hethiad, yw hi?' Anfonodd Dafydd negeswyr i'w dwyn ato, ac wedi iddi ddod, gorweddodd yntau gyda hi. Yr oedd hi wedi ei glanhau o'i haflendid. Yna dychwelodd hi adref. Beichiogodd y wraig, ac anfonodd i hysbysu Dafydd ei bod yn feichiog.
> 2 SAMUEL 11:2-5

Ar 26 Ionawr 1998, safodd yr Arlywydd Bill Clinton wrth ochr ei wraig a dweud wrth y byd, 'Ni chefais berthynas rywiol gyda'r ferch yna, Miss Lewinsky.' Bron bob wythnos fe ddarllenwn am arweinyddion parchus, llwyddiannus iawn sy'n tystio bod ganddynt 'egwyddorion moesol cryf' ond eto sy'n ymddangos fel petaent yn gwneud niwed iddynt eu hunain ar binacl eu gyrfa drwy wneud rhywbeth hollol ffôl y maent yn gwybod sy'n anghywir ac yn ceisio ei guddio. Caiff ei alw'n 'Syndrom Bathseba'.[9]

Roedd y Brenin Dafydd tua 50 mlwydd oed pan welodd Bathseba am y tro cyntaf, tua'r un oedran â Clinton. Roedd yntau'n ŵr ar binacl ei yrfa: arweinydd carismatig oedd wedi gwneud ei ffordd o fod yn fugail diymhongar i fod yn frenin Israel; roedd ganddo gyfoeth, talent, gweision ffyddlon, byddin gref a sawl gwraig.

Roedd yn ddiwedd pnawn yn y gwanwyn, 'yr adeg y byddai'r brenhinoedd yn mynd i ryfela' (2 Samuel 11:1), ac yr oedd Bathseba, gwraig Ureia (un o warchodwyr etholedig Dafydd), yn cael ei bath arferol i'w phuro ar ôl ei mislif. Mae'n debyg ei bod yn cael ei bath yn gyhoeddus ar y to, ac felly'n ennyn diddordeb y brenin; nid yw'r Beibl yn dweud hyn. Roedd Dafydd ar do ei dŷ ac wedi gwneud y penderfyniad tyngedfennol i beidio ag ymuno â'i filwyr mewn brwydr. Gwyliodd hi o bell ac roedd wedi'i swyno cymaint gan ei phrydferthwch nes iddo anfon 'negeswyr i'w dwyn ato', a chysgodd gyda hi ac yna ei hanfon i'w chartref.

Roedd y newyddion diweddarach am feichiogrwydd Bathseba wedi dechrau ar nifer o ddigwyddiadau trasig. Roedd angen i Dafydd guddio'r hyn oedd wedi'i wneud, a threfnodd i Ureia ddod yn ôl o ryfela a cheisiodd ei berswadio i gael rhyw gyda'i wraig. Gwrthododd Ureia, oedd yn filwr arbennig o anrhydeddus, wneud hyn gan fod ei ddynion yn dal yng nghanol brwydr: 'Ni wnaf y fath beth' (2 Samuel 11:11). Roedd wedi mynd i'r pen ar Dafydd, ac anfonodd air at ei bennaeth milwrol i roi Ureia ar flaen y gad ac i beidio â'i warchod 'er mwyn iddo gael ei daro'n farw' (2 Samuel 11:15). Llwyddodd cynllun Dafydd, gan wneud Bathseba yn weddw ac yn feichiog gyda phlentyn y dyn oedd yn gyfrifol am farwolaeth ei gŵr, plentyn a fu farw'n ifanc. Cymerodd Dafydd hi i'w dŷ fel gwraig arall.

Mae llawer wedi'i ysgrifennu am alar Dafydd yn dilyn hyn, y drosedd o bechod a'r edifeirwch cyhoeddus, ac fe ddefnyddiwn ei eiriau ef, 'Yr wyf wedi pechu yn erbyn yr Arglwydd', yn ein gweddi o edifeirwch i'r dydd hwn (2 Samuel 12:13). Ni wyddom, serch hynny, sut yr oedd Bathseba yn teimlo: nid yw'n cael unrhyw ddewis na llais yn y rhan yma o'i hanes. Mae ganddi, serch hynny, gyfle i reoli dyfodol ei mab Solomon, yr hynaf o bedwar o blant eraill a gafodd gyda'r brenin. Mae Bathseba wrth wely angau Dafydd yn cynorthwyo i gadarnhau olyniaeth Solomon i'r orsedd, ac fe'i henwir hi yn llinach Iesu: 'Yr oedd Dafydd yn dad i Solomon, a gwraig Ureia yn fam iddo' (Mathew 1:6). Pam y sonnir am Ureia fan hyn? Efallai ei fod yma yn atgof o gwymp Dafydd oddi wrth ras, a'r angen am Waredwr.

Myfyrdod

Mewn sgwrs TED bwerus dan y teitl 'The price of shame', mae Monica Lewinsky yn siarad am y canlyniadau personol a'r cywilydd cyhoeddus a ddilynodd ei charwriaeth gyda'r arlywydd a'r effaith arni hi a'i theulu: 'Cefais fy ngalw yn dramp, hwren, slwten, putain, *bimbo* ac, wrth gwrs, "y fenyw yna". Cefais fy ngweld gan lawer, ond f'adnabod mewn gwirionedd gan ychydig yn unig. Ac rwy'n deall: yr oedd yn hawdd anghofio bod y fenyw yna yn real, bod ganddi enaid a'i bod ar un adeg heb ei thorri.'[10]

Mae'r ymadrodd 'fe gymer ddau' yn aml yn cael ei daflu o gwmpas wrth ddelio â materion rhywiol, ac mewn rhai amgylchiadau mae hyn yn iawn: nid yw merched bob amser yn ddioddefwyr bregus, fel mae stori gwraig Potiffar yn ei ddatgelu. Y gwirionedd fodd bynnag yw nad yw'n cymryd dau bob amser. Ni haeddodd Bathseba y driniaeth a gafodd gan Dafydd, ac yn drist iawn mae ei stori'n rhy gyfarwydd heddiw.

Gweddi

Crea galon lân ynof, O Dduw, rho ysbryd newydd cadarn ynof. Paid â'm bwrw ymaith oddi wrthyt, na chymryd dy ysbryd sanctaidd oddi arnaf. Amen.
SALM 51:10–11 *(Gweddi edifeirwch Dafydd)*

32

Fasti: #FiHefyd

> Ar y seithfed dydd, pan oedd y Brenin Ahasferus yn llawen gan win, rhoddodd orchymyn i Mehuman, Bistha, Harbona, Bigtha, Abagtha, Sethar a Carcas, y saith eunuch oedd yn gweini arno, i ddod â'r Frenhines Fasti ato yn gwisgo ei choron frenhinol, er mwyn dangos ei phrydferthwch i'r bobl a'r tywysogion, oherwydd yr oedd yn brydferth iawn. Ond gwrthododd y Frenhines Fasti ddod ar orchymyn y brenin trwy'r eunuchiaid. Felly gwylltiodd y brenin yn ddirfawr a chyneuodd ei lid.
> ESTHER 1:10–12

Fe bostiodd yr actores Americanaidd Alyssa Milano ar Twitter yn Hydref 2017: 'Petasai yr holl ferched sydd wedi cael eu haflonyddu yn rhywiol neu wedi dioddef ymosodiad yn ysgrifennu #FiHefyd fel statws, efallai y byddem yn gallu rhoi syniad i bobl o faint y broblem.' Roedd hyn mewn ymateb i honiadau oedd yn gysylltiedig â'r cynhyrchydd ffilm enwog Harvey Weinstein, a gafodd ei ddedfrydu i 23 mlynedd o garchar yn Chwefror 2020. Daeth #FiHefyd yn symudiad byd-eang mewn ychydig ddyddiau, gan agor allan drafodaeth bwysig ynglŷn â phrofiadau merched, yn enwedig mewn diwydiannau megis ffilm a theatr. Efallai fod stori'r Frenhines Fasti yn un o'r adroddiadau cynharaf am ferch yn herio dyn pwerus.

Roedd Fasti yn frenhines Persia, gwraig gyntaf y Brenin Ahasferus (Xerxes), ac fe adroddir ei stori yn Llyfr Esther yn ystod caethiwed yr Iddewon ym Mabilon. Roedd yn gyfnod o heddwch a ffyniant i'r llywodraethwyr Persiaidd, oedd yn golygu bod yna ddigon o amser i'r brenin drefnu gwleddoedd a dangos pa mor odidog oedd ei deyrnas. Roedd Ahasferus yn bendant yn westeiwr ymroddgar – dywedir bod un o'i bartïon wedi para am bron i chwe mis ac yr oedd mor hael fel bod yna welyau wedi'u gwneud o aur ac arian, diodydd yn cael eu gweini mewn gobledi aur, 'ac yr oedd digonedd o win trwy haelioni'r brenin. Ynglŷn â'r yfed, nid oedd gorfodaeth ar neb, oherwydd gorchmynnodd y brenin i holl swyddogion ei balas wneud fel yr oedd pawb yn dymuno' (Esther 1:7–8).

Ar yr adeg honno roedd dynion a merched y palas brenhinol yn byw bywydau ar wahân gan fwyaf, ac roedd gan Fasti ei hystafelloedd ei hun. Roedd wedi trefnu gwledd ei hun i ferched yr ardal pan fynnodd y brenin meddw, yn ystod un o'i bartïon, ei bod yn dod ato 'yn gwisgo ei choron frenhinol, er mwyn dangos ei phrydferthwch i'r bobl a'r tywysogion'. Mae rhai yn dadlau bod y brenin yn mynnu nad oedd yn gwisgo dim ond ei choron! Nid yw'n glir ai dyma oedd ei fwriad, ond roedd Fasti yn amlwg yn gofidio am y gorchymyn. Fe safodd yn gadarn a gwrthod mynd.

Roedd y brenin yn gynddeiriog, 'gwylltiodd y brenin yn ddirfawr a chyneuodd ei lid'. Roedd eisiau creu argraff ar ei westeion gyda phrydferthwch ei wraig, ac yn lle hynny roedd hi wedi'i sarhau yn gyhoeddus. Roedd eisiau dial arni ac felly, fel Harri VIII, Weinstein a llawer o ddynion pwerus eraill, trawodd ar ffordd o'i bychanu. Cysylltodd â'i gyfreithwyr a daethant o hyd i ddeddf leol oedd yn datgan y gallai ei diorseddu fel brenhines oherwydd ei hanufudd-dod, ac fe wnaeth hynny. Roedd hyn yn newyddion da i'r tywysogion, oedd yn ofni y byddai eu gwragedd hwy yn clywed am anufudd-dod y frenhines ac yn dod yr un mor ddirmygus o'u gwŷr: 'Ac yna bydd dirmyg a dicter diddiwedd' (Esther 1:18).

Ar ôl i Fasti gael ei diorseddu anfonwyd llythyr i bob talaith drwy'r wlad, ym mhob iaith leol, gyda'r gorchymyn 'bod pob dyn, beth bynnag ei iaith, yn feistr ar ei dŷ ei hun' (Esther 1:22). Roedd symudiad #FiHefyd beth amser i ffwrdd!

Myfyrdod

Nid yw'n rhywbeth newydd clywed am ddynion meddw yn aflonyddu ar ferched mewn partïon, ac y mae herio dyn pwerus yn dal i fod am bris sylweddol, fel y darganfu Fasti. Ni chawn wybod pam y gwnaeth hyn. Mae rhai yn dadlau mai oherwydd gwyleidd-dra (Midrash), ac eraill oherwydd ei bod yn anhapus hefo'i hedrychiad y diwrnod hwnnw (Talmud Babilonaidd), ac eraill yn dweud ei bod yn ffeminydd cynnar iawn yn brwydro am ei hygrededd.[11]

Gadewch i ni weddïo dros bawb sy'n dal i gael eu defnyddio gan y pwerus, dros bawb sydd yn ddigon dewr i sefyll i fyny yn erbyn pŵer, a throsom ein hunain, fel ein bod yn defnyddio ein pŵer ni ein hunain yn dda.

Gweddi

Arglwydd Iesu, a ddaeth i'r byd fel un ohonom ni ac a brofodd beth yw cael ei ddirmygu a'i gywilyddio o flaen eraill, caniatâ i'r rhai hynny sy'n cario baich trwm cywilydd gael eu rhyddhau o'r pŵer sydd drostynt; a rho inni'r hyder i siarad yn eofn i wrthod drygioni a chyhoeddi dy gariad. Amen.

33

Swsanna: y mae'n gyfyng arnaf

> Wedi i'r morynion fynd allan, cododd y ddau henuriad a rhedeg ati. 'Edrych,' meddent, 'y mae drysau'r ardd wedi eu cau ac ni all neb ein gweld, ac yr ydym yn llawn blys amdanat; felly cytuna i orwedd gyda ni. Os na wnei, fe rown dystiolaeth yn dy erbyn fod dyn ifanc gyda thi, ac mai dyna pam yr anfonaist y morynion oddi wrthyt.' Dywedodd Swsanna ag ochenaid, 'Y mae'n gyfyng arnaf o bob tu. Oherwydd os gwnaf hyn, bydd yn angau i mi, ac os na wnaf, ni allaf ddianc o'ch dwylo. Gwell gennyf wrthod, a syrthio i'ch dwylo chwi, na phechu yn erbyn yr Arglwydd.' Yna gwaeddodd Swsanna â llef uchel, a'r un pryd gwaeddodd y ddau henuriad yn uwch na hi.
> SWSANNA 1:19–24

Ym Mawrth 2021 roedd yna lythyr ym mhapur newydd *The Times* gan ferch ifanc o'r enw Ella, 17 mlwydd oed. Ysgrifennodd mewn ymateb i farwolaeth Sarah Everard, merch a gafodd ei lladd gan ddieithryn wrth iddi gerdded adref. Arweiniodd marwolaeth Sarah at lif o ddicter gan ferched. Eglurodd llythyr Ella yn huawdl pam yr oedd cymaint o ferched mor flin. Ysgrifennodd am yr holl droeon yr oedd hi wedi profi sylwadau annymunol gan ddynion a mynegodd yn glir pa mor anodd yw hi i ferched wybod sut i ymateb oherwydd 'bob tro y mae dyn yn aflonyddu arnom yn y stryd, nid ydym yn gwybod i ble mae'n arwain'.

Mae hanes Swsanna i'w gael yn y llawysgrifau Groegaidd, yn hytrach na'r rhai Hebraeg, o Lyfr Daniel (y rhannau Deuteroganoniaidd o'r Beibl), ac felly mae'n cael ei gynnwys fel Daniel 13 mewn rhai Beiblau ac yn yr Apocryffa mewn eraill. Roedd hi'n byw rhywbryd yn ystod yr alltudiaeth ym Mabilon, wedi ei magu i garu'r Arglwydd ac yn briod â dyn cyfoethog o'r enw Joacim. Roeddynt yn byw mewn tŷ drud, oedd hefyd yn cael ei ddefnyddio fel y prif lys i'r gymuned Iddewig, lle roedd yr henuriaid yn ymgasglu i glywed a rhoi barn ar bob math o droseddau.

Roedd dau o henuriaid y gymuned wedi sylwi ar brydferthwch Swsanna ac wedi dechrau cael 'blys amdani' (Swsanna 8). Cynllwyniodd y ddau gyda'i gilydd sut i'w chael hi ar ei phen ei hun, a chuddiodd y ddau yn ei gardd. Un diwrnod poeth yr oedd Swsanna yn ymdrochi yno ar ei phen ei hun. Rhedodd y dynion ati a mynnu cael rhyw: 'Cytuna i orwedd gyda ni. Os na wnei, fe rown dystiolaeth yn dy erbyn fod dyn ifanc gyda thi.'

Gwyddai Swsanna ar unwaith ei bod mewn sefyllfa amhosibl. Roedd yna ddau ohonynt hwy, roedd hi'n noeth, yn fregus ac mewn man caeëdig, ac oherwydd ei bod yn ferch ni fyddai neb yn ei chredu. Dywedodd, 'Y mae'n gyfyng arnaf o bob tu. Oherwydd os gwnaf hyn, bydd yn angau i mi, ac os na wnaf, ni allaf ddianc o'ch dwylo.'

Gwaeddodd am gymorth ac felly hefyd ei hymosodwyr, a wnaeth ei chyhuddo wedyn o gael rhyw gyda dyn oedd wedi rhedeg i ffwrdd. Aethpwyd â hi o flaen y cynulliad, tynnu'r gorchudd oddi ar ei hwyneb o flaen yr holl ddynion a, heb ofyn iddi am ei hochr hi o'r stori na hyd yn oed ystyried y bylchau hollol amlwg yn eu stori hwy, fe'i dyfarnwyd yn euog o odineb a'i dedfrydu i farwolaeth. Fe gredwyd ymosodwyr Swsannna 'gan eu bod yn henuriaid y bobl ac yn farnwyr' (Swsanna 41).

Gwaeddodd Swsanna unwaith eto, a'r tro yma mewn gweddi o anobaith, 'O Dduw tragwyddol, sydd yn gwybod dirgelion … A dyma fi'n mynd i farw er nad wyf wedi gwneud dim o'r pethau y mae'r dynion hyn wedi eu cynllwynio yn fy erbyn' (Swsanna 43).

Clywodd Duw ei chri a deffrôdd gydwybod Daniel, a gododd ei lais yn uwch na thwrw'r dorf: 'Dieuog wyf fi o waed y wraig hon … A ydych chwi mor ffôl, feibion Israel, â chondemnio un o ferched Israel heb ymchwilio'n ofalus a dod o hyd i'r gwir?' (Swsanna 46–48). Gosododd Daniel y ddau ymosodwr ar wahân a gofyn i'r naill a'r llall ddweud wrth y llys yn union lle roeddynt wedi gweld y pâr ifanc 'yn cydorwedd'. Pwyntiodd un o'r dynion at berth fechan a'r llall at goeden dderw fythwyrdd, ac ar hynny fe welwyd bod y dynion wedi bod yn dweud celwydd. Fe arbedwyd Swsanna, lladdwyd y dynion, ac yr oedd ei theulu'n llawen gan ei bod yn ddieuog wedi'r cyfan.

Myfyrdod

Un o sloganau'r symudiad #FiHefyd yw 'credwch ferched', gan fod tystiolaeth merched (a genethod, dynion a bechgyn, wrth gwrs) sy'n siarad allan am aflonyddu rhywiol a cham-drin yn rhy aml yn cael eu hanwybyddu, ddim yn cael eu credu neu yn cael eu tewi. Yn drist iawn mae hyn wedi bod yn amlwg yn yr eglwys cymaint ag yng ngweddill cymdeithas. Gwrthododd Daniel gael ei ddylanwadu gan y dorf a rhoddodd sylw i'w geiriau hi. Mewn difrif, mae llawer yn dal i fod 'yn gyfyng arnynt' oherwydd yr ofn na chânt eu clywed na'u credu, neu eu bod yn methu wynebu ail-fyw trawma eu gorffennol. Mae angen mwy o rai fel Daniel ar ein byd ac ar ein heglwys.

Gweddi

Gwrando, O Arglwydd! Trugarha, O Arglwydd! Gwrando, O Arglwydd, a gweithreda! Er dy fwyn dy hun, fy Nuw, paid ag oedi, oherwydd dy enw di sydd ar dy ddinas ac ar dy bobl. Amen.
DANIEL 9:19

Merched wrth eu gwaith

Yng nghymdeithas draddodiadol yr Hen Destament, roedd ar ferched angen cael eu hamddiffyn gan eu gŵr a'i deulu er mwyn medru goroesi, ac roedd eu gwaith yn aml yn golygu gofalu am blant, yr henoed a'r gwael eu hiechyd. Roedd rhai merched yn medru byw yn annibynnol, ond roedd hynny'n aml yn ymdrech. Yn yr adran hon gwelwn ym mha ffordd y defnyddiai merched eu sgiliau i ddarparu ar eu cyfer eu hunain a'u teuluoedd. Roedd rhai'n gwneud gwaith sydd wedi ei ystyried yn draddodiadol yn 'waith merched' (Siffra a Pua, Rahab, morwyn Naaman), eraill yn rhedeg busnes (cyfryngwraig Endor, y wraig Sunamees) ac roedd gan ambell un swyddi sydd yn ein synnu rywfaint (Abisag, merched Salum). Yr hyn sydd yn glir i bob un ohonyn nhw yw bod Duw wedi eu defnyddio yn eu gwaith mewn pob math o ffyrdd diddorol.

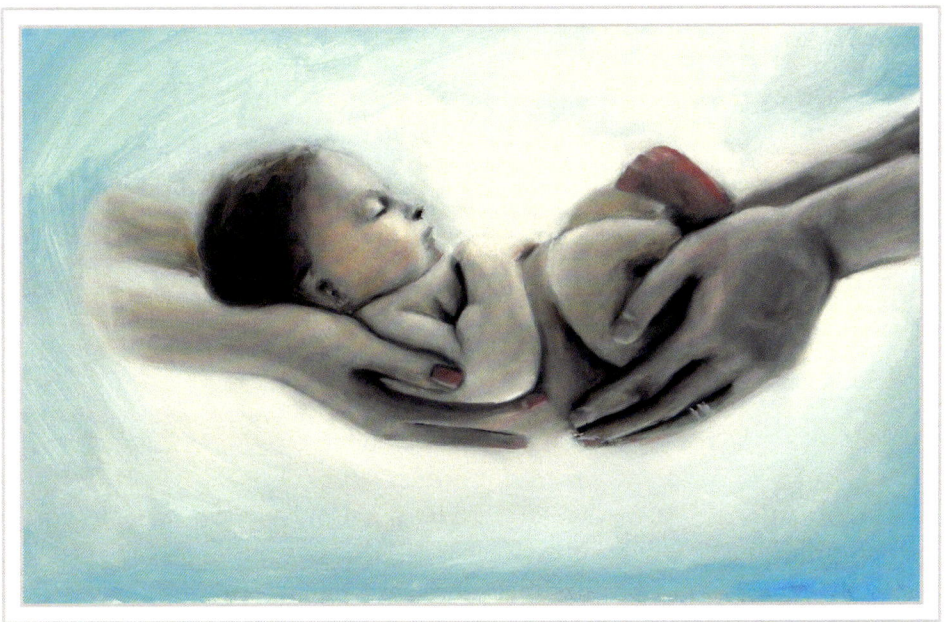

Siffra a Pua:
y bydwragedd gwrthryfelgar

> Yna dywedodd brenin yr Aifft wrth Siffra a Pua, dwy fydwraig yr Hebreaid, 'Pan fyddwch yn gweini ar wragedd yr Hebreaid, sylwch ar y plentyn a enir: os mab fydd, lladdwch ef; os merch, gadewch iddi fyw. Ond yr oedd y bydwragedd yn parchu Duw; ac ni wnaethant yr hyn a orchmynnodd brenin yr Aifft, ond gadawsant i'r bechgyn fyw.
> EXODUS 1:15–17

Un o'm hoff raglenni teledu yw *Call the Midwife*. Wedi ei seilio ar atgofion Jennifer Worth, mae'r rhaglen yn dilyn bywyd a gwaith grŵp o fydwragedd sydd yn byw mewn urdd grefyddol ac yn gweithio yn nwyrain Llundain ar ôl yr Ail Ryfel Byd. Mae pob bywyd newydd yn cael ei ddwyn i'r byd gyda chymysgedd o boen, ymdrech, dycnwch a llawenydd. Ambell dro mae'n eithaf erchyll, ond felly y mae genedigaeth. Rydw i wedi edmygu bydwragedd erioed.

Wedi imi roi genedigaeth dair gwaith, gwn ei fod yn waith brwnt/budr, ac mae'r merched a'r dynion hyn yn barod i fod yn ddewr. Y math o bobl y byddwch eu hangen mewn argyfwng yw bydwragedd: fyddan nhw ddim yn cynhyrfu, mae ganddynt feddwl clir, maent yn siarad yn blaen, maent yn amyneddgar ac yn eich annog. Maent hyd yn oed yn barod i oddef eich gweiddi a'ch rhegi fel rhan o'u gwaith!

Mae sôn am amryw o fydwragedd yn y Beibl, ond dim ond dwy a grybwyllir wrth eu henwau. Siffra a Pua ydyn nhw, dwy o'r merched dewraf y gallech eu dychmygu.

Pan oedd Joseff yn gweithio fel pennaeth yn nhŷ Pharo, roedd yr Iddewon a'r Eifftiaid yn cydweithio mewn cyfnod o lwyddiant a chyfoeth. Roedd y cyfnod hwn ar ben erbyn hyn a theimlai Pharo, y credir mai Rameses II ydoedd, dan fygythiad oherwydd bod poblogaeth yr Iddewon yn cynyddu. Roedd yn ofni y byddent yn gwrthryfela yn ei erbyn ac felly fe'u gormesodd nhw, gan eu gorfodi i weithio a gwneud 'eu bywyd yn chwerw trwy eu gosod i lafurio'n galed' (Exodus 1:14). Chafodd hyn mo'r effaith a ddymunid, a pharhaodd yr Hebreaid i dyfu a ffynnu.

Felly, mewn anobaith, lluniodd Pharo gynllun ysgeler i amddifadu'r Israeliaid o arweinyddiaeth am genedlaethau i ddod. Galwodd ar eu bydwragedd, yn cynnwys Siffra a Pua, gan eu gorchymyn i lofruddio pob plentyn gwrywaidd ar eu genedigaeth. Yn sicr, dyma'r weithred gyntaf a gofnodwyd o anufudd-dod sifil mewn hanes, a gwrthododd y bydwragedd ddilyn y gorchymyn hwn i lofruddio. 'Ond yr oedd y bydwragedd yn parchu Duw; ac ni wnaethant yr hyn a orchmynnodd brenin yr Aifft, ond gadawsant i'r bechgyn fyw.'

Buan y sylweddolodd Pharo fod ei orchmynion wedi cael eu hanwybyddu ac felly galwodd Siffra a Pua i'w balas i ofyn iddynt pam y buont yn anufudd. Byddai dweud y gwir wedi peryglu eu bywoliaeth ac efallai hyd yn oed eu bywyd. Ac felly lluniodd y merched dewr hyn eglurhad ar sail hil, un y byddai wedi bod yn anodd dros ben ei wrthbrofi: 'Nid yw gwragedd yr Hebreaid yn debyg i wragedd yr Eifftiaid, oherwydd y maent hwy yn fywiog ac yn esgor cyn i'r fydwraig gyrraedd' (Exodus 1:19).

Dyfeisgar. Mae'n ymddangos i Pharo gredu eu heglurhad, ac oherwydd dewrder cyfrwys y merched hyn parhaodd yr Israeliaid i genhedlu, bu'r babanod a oedd yn fechgyn fyw, a ganwyd Moses, a fyddai'n ddiweddarach yn eu harwain i ryddid.

Myfyrdod

Mae yna leoedd yn parhau i fod yn y byd ble mae babanod mewn perygl oherwydd eu rhyw neu eu cefndir ethnig 'anghywir'. Rydym yn dysgu ar hyn o bryd am arswyd erthylu gorfodol ac anffrwythloni pobl Uighur yn Tsieina, ac amcangyfrifir bod 130 miliwn o 'ferched coll' yn y byd oherwydd erthylu dethol, camdriniaeth ac esgeulustod.[12]

> Ond ti a'm tynnodd allan o'r groth, a'm rhoi ar fronnau fy mam; arnat ti y bwriwyd fi ar fy ngenedigaeth, ac o groth fy mam ti yw fy Nuw.
> SALM 22:9–10

Defnyddir delwedd y fydwraig gan y salmydd i ddisgrifio Duw yn croesawu bywyd newydd ac yn gwarchod ac yn gwylio dros ei phlant. Mor hyfryd yw meddwl am fydwragedd, meddygon, nyrsys ac unigolion eraill a gafodd eu hyfforddi ac am bawb sydd yn gofalu am ferched wrth iddynt roi genedigaeth, yn debyg i Dduw yn eu gwaith o ddod â bywyd newydd i'r byd.

Gweddi

Dduw y Creawdwr, a wnaeth y bydysawd ac eto sydd yn gallu rhifo'r gwallt sydd ar ein pennau, yn yr un modd ag y bydd bydwraig yn dod â bywyd newydd i'r byd, rwyt ti'n hiraethu am feithrin bywyd newydd ynom ni heddiw. Cynorthwya ni, dy blant, i ymddiried yn dy gariad a'th nodded, gan wybod ein bod yn ddiogel yn dy freichiau cariadus di. Amen.

35

Rahab: putain, arwres neu'r ddau?

> Dywedwyd wrth frenin Jericho, 'Edrych! Y mae rhai o'r Israeliaid wedi cyrraedd yma heno i chwilio'r wlad.' Anfonodd brenin Jericho at Rahab a dweud, 'Tro allan y dynion a ddaeth atat i'th dŷ, oherwydd wedi dod i ysbïo'r holl wlad y maent.' Wedi i'r wraig gymryd y ddau ddyn a'u cuddio, dywedodd, 'Do, fe ddaeth y dynion ataf, ond ni wyddwn o ble'r oeddent; a chyda'r nos, pan oedd y porth ar fin cau, aeth y dynion allan. Ni wn i ble'r aethant, ond brysiwch ar eu hôl; yr ydych yn sicr o'u dal.' Yr oedd hi wedi mynd â'r dynion i fyny ar y to, a'u cuddio â'r planhigion llin a oedd ganddi'n rhesi yno.
> JOSUA 2:1b–6

Disgrifir Rahab fel putain, ac eto, er gwaethaf ei galwedigaeth, ac er na chawsai ei geni'n Israeliad, mae hi'n un o'r ychydig ferched a enwir yn achau Iesu ar ddechrau Efengyl Mathew. Mae'n stori am ferch sydd yn cymryd risg bersonol enfawr er mwyn amddiffyn ei theulu a chynorthwyo pobl Israel.

Roedd Moses wedi marw, ac roedd ei gynorthwyydd, Josua, wedi ymgymryd ag arweinyddiaeth yr Israeliaid, a oedd yn dal i grwydro yn yr anialwch. Roedd Duw wedi addo iddynt y byddai'n eu harwain i wlad ffrwythlon a thoreithiog, ac roeddent wedi gwersylla yn nyffryn yr Iorddonen gyferbyn â dinas Jericho gan obeithio'n wir mai hwn oedd y tir y buont yn disgwyl amdano. Ond i ddechrau roedd angen iddynt fynd i weld y ddinas er mwyn canfod pa wrthwynebiad tebygol a fyddai'n eu haros. Felly anfonodd Josua ddau ysbïwr i archwilio'r lle.

Roedd Rahab yn un o ddinasyddion Jericho ac roedd hi'n byw ar gyrion y ddinas yn llythrennol: 'Yr oedd ei thŷ ar fur y ddinas, a hithau'n byw ar y mur' (Josua 2:15). Aeth ysbïwyr Josua i aros yn nhŷ Rahab 'a lletya yno' (Josua 2:1). Wyddom ni ddim ai oherwydd bod ganddi westy neu oherwydd ei galwedigaeth arall yr aethant yno. Ond mae'n debygol y byddai lle o'r fath yn ddelfrydol i ysbïwyr gasglu cudd-wybodaeth, er y byddai hynny'n gweithio mewn dwy ffordd, a buan y clywodd y brenin eu bod yno.

Pan glywodd brenin Jericho am yr ysbïwyr a oedd yn aros yn nhŷ Rahab, gorchmynnodd iddynt gael eu dwyn ato ef. Roedd Rahab yn gyfrwys ac, ychydig yn debyg i'r bydwragedd gwrthryfelgar Siffra a Pua, fe heriodd hi orchmynion ei brenin er mwyn cynorthwyo'r Israeliaid. Aeth â hwy i fyny i'r to, eu cuddio, ac anfon y milwyr ymaith yn y cyfeiriad anghywir. Yna fe wnaeth gytundeb gyda'r ysbïwyr: byddai'n eu cynorthwyo i ddianc, ac yn dâl am hynny roeddent hwy i sicrhau y byddai hi a'i holl deulu'n ddianaf pan fyddent hwy, yn y man, yn ennill y tir. Cytunwyd ar hyn, a dihangodd yr ysbïwyr.

Ai mewn ofn neu ffydd y gweithredodd Rahab, neu'n unig er mwyn gwarchod ei theulu? Roedd hi'n bendant yn ofni grym yr Israeliaid. Dywedodd wrthynt 'bod eich arswyd wedi syrthio arnom, a holl drigolion y wlad mewn gwewyr o'ch plegid' (Josua 2:9). Ond roedd hi hefyd wedi clywed am y modd yr oedd Duw wedi arwain y bobl o gaethiwed a chyhoeddodd 'Y mae'r Arglwydd eich Duw chwi yn Dduw' (Josua 2:11). Ychydig yn ddiweddarach amgylchynwyd dinas Jericho gan yr Israeliaid. Yn y man fe feddiannwyd y ddinas ganddynt, ond arbedwyd Rahab a holl aelodau ei theulu a daethant yn Iddewon.

Nid lle'r llyfr hwn yw dadlau ynglŷn â gweithredoedd pobl hynafol Israel. Yn lle hynny, gadewch inni ganolbwyntio ar y ferch hynod hon sydd yn cael ei henwi yn y Testament Newydd yn arwres ffydd (Hebreaid 11:31) ac yn enghraifft o weithredu mewn ffydd (Iago 2:25). Defnyddiodd ei safle, ei gwybodaeth am bobl, boed hynny o fewn ei diwylliant neu'r tu hwnt iddo, ei chartref, ei grym perswâd, ei gallu i swyno a'i deallusrwydd cyfrwys er mwyn gwarchod ysbïwyr o Israeliaid a diogelu bywydau ei theulu, a fyddai ymhen amser yn cynnwys Iesu o Nasareth. Rahab: putain neu arwres? Efallai ei bod y naill a'r llall.

Myfyrdod

Beirniadwyd Iesu am dreulio amser gyda'r rhai a ystyrid yn 'bechaduriaid' ac yn 'aflan,' megis puteiniaid, casglwyr trethi a gwahangleifion. Eto, y 'pechaduriaid' hyn oedd y rhai cyntaf i sylweddoli mai ef oedd y Gwaredwr. Mae stori Rahab yn ein hatgoffa ein bod yn barnu pobl yn rhy aml oherwydd eu ffordd o fyw, eu galwedigaeth neu eu gwerthoedd. Mae Duw yn aml yn dewis y bobl mwyaf annisgwyl i ddwyn ei fwriadau i ben.

Gweddi

Dduw Rahab,
rwyt ti'n galw pawb i weithredu gyda dewrder a chydymdeimlad.
Dysg ni i glywed dy alwad drwy'r angen sydd o'n cwmpas,
gan ymateb â ffydd a gweithredoedd;
ac atgoffa ni na all unrhyw beth y byddwn ni wedi ei wneud
fyth ein rhoi y tu hwnt i'th ras di. Amen.
Philippa White

Cyfryngwraig Endor: mynd yr ail filltir

> Newidiodd Saul ei ymddangosiad, a gwisgo dillad gwahanol, ac aeth â dau ddyn gydag ef a dod at y ddynes liw nos a dweud, 'Consuria imi trwy ysbryd, a dwg i fyny ataf y sawl a ddywedaf wrthyt.' Dywedodd y ddynes wrtho, 'Fe wyddost beth a wnaeth Saul, ei fod wedi difa'r dewiniaid a'r swynwyr o'r wlad; pam felly yr wyt ti'n ceisio fy rhwydo a'm lladd?' Tyngodd Saul iddi yn enw'r Arglwydd, 'Cyn wired â bod yr Arglwydd yn fyw, ni ddaw dim niwed iti o hyn.' Yna gofynnodd hi, 'Pwy a ddygaf i fyny iti?' Dywedodd yntau, 'Dwg Samuel i fyny imi.'
> 1 SAMUEL 28:8b–11

Fel arfer adnabyddir y ferch nesaf fel dewines Endor, ond doedd hi ddim yn ymarfer dewiniaeth: roedd yn gyfryngwraig, un a oedd yn ymgynghori â'r meirw. Roedd hwn yn arfer cyffredin ymhlith llawer o draddodiadau crefyddol hynafol, ond yr oedd wedi ei wahardd gan ddeddfwriaeth yr Israeliaid: 'Peidiwch â throi at ddewiniaid na cheisio swynwyr' (Lefiticus 19:31). Er bod yr arfer wedi ei wahardd ac mai marwolaeth oedd y gosb amdano mewn gwirionedd, mae'n ymddangos bod cyfryngwraig Endor yn cael digon o fusnes a'i bod yn adnabyddus iawn ymhlith y rhai a oedd yn ceisio atebion o'r tu hwnt i'r bedd.

Un o'r rhain oedd y Brenin Saul, a droes yn ei anobaith at un o'r union bobl yr oedd wedi eu gwahardd yn ddiweddar. Roedd yn paratoi at yr hyn a ddaeth yn frwydr olaf iddo yn erbyn lluoedd y Philistiaid, a Dafydd bellach ar eu hochr. Roedd angen arweiniad Duw ar Saul, ond doedd hynny ddim ar gael iddo ac felly, yn hytrach nag aros yn weddigar am Dduw, newidiodd ei ymddangosiad gan fynd allan yn hwyr yn y nos i weld a allai cyfryngwraig ymgynghori â'r diweddar broffwyd Samuel.

Gadawodd cyfryngwraig Endor iddo ddod i mewn i'w thŷ ond roedd yn ddealladwy ei bod yn wyliadwrus. Ond gwnaeth yr hyn a ofynnwyd iddi, gan alw ar y proffwyd Samuel. Mae llawer o ddrama'n digwydd, megis yr hyn y gallech ei ddisgwyl gan Madame Arcati yn *Blithe Spirit*: 'Gwaeddodd â llais uchel ... "Rwy'n gweld ysbryd yn dod i fyny o'r ddaear"' (1 Samuel 28:12–13). Yna, fe welodd drwy ei guddwisg: 'Pam yr wyt wedi fy nhwyllo? Saul wyt ti!' (1 Samuel 28:12).

Dywedodd ysbryd Samuel yr hyn nad oedd Saul am ei glywed: ei fod wedi digio yr Arglwydd, ac y byddai ef a'i feibion yn farw erbyn y diwrnod wedyn. Ond daw'r stori i ben gydag arwydd sydd yn dangos caredigrwydd a chroeso tuag at ei gormeswr gan wraig sydd yn cael ei herlid. O weld trallod Saul, cynigiodd fwyd iddo a'i berswadio i aros, a lladdodd y llo pasgedig hyd yn oed a phobi bara. Hwn fyddai swper olaf Saul oherwydd fe'i lladdwyd ef a'i feibion y diwrnod canlynol.

Myfyrdod

Mae'n anodd gwybod sut i ddehongli'r stori yma. A ydym yn credu bod ysbryd Samuel wedi ei ddwyn i fyny mewn gwirionedd? Ai rhyw fath o dwyll oedd hyn, neu ai dyn blinedig, newynog a oedd yn anobeithio ac yn gweld drychiolaethau sydd yma? Mae wedi bod yn achos dadl am ganrifoedd, a'r ferch yn cael ei disgrifio mewn amrywiol ffyrdd, gan gynnwys tafleisydd, cythraul a phroffwyd. Mae wedi cael ei phortreadu mewn celfyddyd ffantasi a hyd yn oed yn cael ei henwi ym masnachfraint *Star Wars*: enw'r lleuad ble mae'r Ewoks yn byw yw Endor. Nid yw'r Beibl byth yn dweud bod cysylltu â'r meirw'n amhosibl, dim ond nad ydym i wneud hynny. Mae hynny'n ddigon eglur i mi.

Ond efallai mai'r peth mwyaf trawiadol ynglŷn â'r stori hon yw natur y cyfarfod rhwng gwraig a oedd yn aelod o grŵp a oedd yn cael ei erlid a'r union berson a oedd wedi gwahardd ei phobl. Gwnaeth hi yr hyn a ofynnwyd iddi gan fynd yr ail filltir a chynnig croeso i'w gorthrymydd, a hwnnw'n groeso yr oedd cymaint o'i angen arno ar y pryd. Samariad trugarog cynnar mewn gwirionedd!

Gweddi

Dduw sydd y tu hwnt i'n deall,
diolchwn i ti am y rhai sydd yn adnabod anghenion eraill
ac yn cynnig caredigrwydd a gras.
Dyro ras i ni faddau i'r rhai sydd yn gwneud cam â ni
ac i fod yn agored i bawb y byddwn yn eu cyfarfod,
gan weld yn eu hwynebau hwy dy wyneb di o gariad.
Amen.
Philippa White

37

Abisag y Sunamees: y tyst tawel

> Yr oedd y Brenin Dafydd yn hen, mewn gwth o oedran; ni chynhesai, er pentyrru dillad drosto. A dywedodd ei weision wrtho, 'Ceisier i'n harglwydd frenin forwyn ifanc i ofalu am y brenin, i'th ymgeleddu a gorwedd yn dy fynwes, fel y cynheso'r arglwydd frenin.' Yna ceisiwyd geneth deg trwy holl wlad Israel, a chafwyd Abisag y Sunamees a'i dwyn at y brenin. Yr oedd yn eneth brydferth iawn, a bu'n ymgeledd i'r brenin ac yn gofalu amdano; ond ni chafodd y brenin gyfathrach â hi.
> 1 BRENHINOEDD 1:1–4

Y gwaith mwyaf rhyfedd gefais i erioed oedd tynnu gwyddau rhew *(ice barnacles)* oddi ar draed cywion bantam yn ystod gaeaf arbennig o rewllyd. Roedd gan Abisag y Sunamees nid yn unig yr enw gorau yn yr Hen Destament ond hefyd, gellir dadlau, y gwaith mwyaf rhyfedd yn yr holl Feibl. Roedd y Brenin Dafydd erbyn hyn yn 70 mlwydd oed ac yn amlwg heibio ei ddyddiau gorau. Roedd yn hen ŵr musgrell a gwan, ac mor wael fel ei fod yn oer drwy'r amser. Poenai ei weision am ei fywyd ac felly cytunwyd ar gynllun.

Aethant allan a darganfod Abisag, merch ifanc hardd, gwyryf nad oedd mae'n debyg ond tua deuddeg mlwydd oed. Daethpwyd â hi i'r palas i orwedd yn agos at y brenin 'fel y cynheso'r arglwydd frenin'. Mewn gwirionedd roedd yn botel ddŵr poeth ddynol! Wrth lwc mae'r testun yn cadarnhau na 'chafodd y brenin gyfathrach â hi', ond mae'n debyg yr ychwanegwyd y manylyn hwn i dynnu sylw at wendid a llesgedd Dafydd yn hytrach nag i dawelu meddwl am les Abisag.

Fel unrhyw forwyn mewn tŷ brenhinol, fe fyddai Abisag wedi gweld a chlywed llawer o'r cyrion. Roedd hyd yn oed yn ystafell Dafydd yn dyst i'r ddrama pwy fyddai yn ei olynu i'r orsedd. Nid oedd manylion yr olyniaeth frenhinol wedi'u trefnu, ond nid oedd hyn yn rhwystro Adoneia, mab hynaf Dafydd oedd wedi goroesi, rhag cyhoeddi ei hun yn frenin. Roedd ganddo gefnogaeth offeiriad ffug o'r enw Abiathar, ac yn gynamserol efallai trefnwyd gwledd fawr o ddathliad gyda nifer o swyddogion brenhinol yn bresennol a Dafydd heb farw eto.

Flynyddoedd ynghynt roedd Dafydd wedi addo'r frenhiniaeth i'w fab iau, Solomon, mab Bathseba. Dilynwyd hyn gyda nifer o wrandawiadau wrth wely angau Dafydd, gyda Bathseba a Nathan (y proffwyd oedd yn gynharach wedi ceryddu Dafydd am gysgu gyda Bathseba) yn ymbilio ar y brenin yn ei wendid i gymryd rheolaeth o'r sefyllfa. Fe wnaeth yn y man: 'Solomon dy fab a deyrnasai ar fy ôl, ac eistedd ar fy ngorsedd yn fy lle' (1 Brenhinoedd 1:30). Bu farw Dafydd yn fuan wedyn a daeth Solomon yn frenin Israel. Roedd Abisag yn y cefndir yn dyst i bopeth (1 Brenhinoedd 1:15).

Ychydig yn ddiweddarach dychwelodd y tywysog Adoneia oedd wedi'i ddisodli i'r palas ac ymbil gyda Bathseba am law Abisag mewn priodas. Aeth Bathseba â'r cais i Solomon, oedd yn gynddeiriog: 'A pham yr wyt ti'n gofyn am Abisag y Sunamees i Adoneia? Gofyn hefyd am y deyrnas iddo' (1 Brenhinoedd 2:22). Pam roedd o mor flin? Mae'n debyg fod Solomon wedi sylweddoli bod cynnig Adoneia yn ymgais funud olaf i sicrhau'r orsedd. Mae hyn yn dangos bod Abisag yn cael ei hystyried fel rhan o harîm Dafydd, ac felly fe fyddai ei phriodi wedi bod yn fanteisiol yn wleidyddol. Methodd yn druenus gan i Solomon wylltio cymaint fel iddo drefnu i Adoneia gael ei ladd ac i Abiathar gael ei ddiswyddo o'r offeiriadaeth.

Nid yw Abisag yn siarad o gwbl yn yr hanes yn y Beibl; mae yn forwyn ddistaw ar gyrion brwydr am bŵer, ac ni wyddom beth ddigwyddodd iddi ar ôl marwolaeth Dafydd. Mae'n bur debyg iddi barhau yn rhan o harîm helaeth Solomon.

Myfyrdod

Mae'n anodd i ni ddychmygu i rôl fel yr un a roddwyd i Abisag y Sunamees fyth ddod yn dderbyniol, ond nid oedd yn anghyffredin i bobl ifanc orwedd yn agos at bobl hŷn er mwyn trosglwyddo gwres naturiol y corff. Fel y myfyriwn ar stori Abisag, dewch i ni gofio mewn gweddi am bawb sy'n gofalu am yr henoed a'r rhai ar ddiwedd eu hoes, yn enwedig nyrsys, gofalwyr cartref a'r rhai hynny sy'n gweithio mewn ysbytai a hosbisau a chartrefi nyrsio.

Gweddi

Dduw Abisag,
rhown ddiolch nad oes neb yn ddibwys i ti.
Dangos drugaredd i bawb sy'n cael eu trin fel gwrthrychau,
yn cael eu gwerthfawrogi am eu defnyddioldeb yn unig,
â'u natur ddynol wedi'i hanghofio.
Caniatâ i ni weithio am fyd
lle mae pob bod dynol yn cael eu gwerthfawrogi fel dy blant,
yr ifanc, yr hen a'r bregus yn cael eu hamddiffyn,
a phawb yn cael llais. Amen.
Philippa White

Y wraig Sunamees: gobaith cynyddol

> Pan welodd gŵr Duw hi'n dod, dywedodd wrth ei was Gehasi, 'Dacw'r Sunamees fan draw; rhed yn awr i'w chyfarfod a gofyn iddi, "A yw popeth yn iawn gyda thi, gyda'th ŵr, gyda'th blentyn?"' Dywedodd hi, 'Ydyw, yn iawn.' Ond pan ddaeth at ŵr Duw i'r mynydd, ymaflodd yn ei draed, a phan ddaeth Gehasi i'w gwthio draw, dywedodd gŵr Duw, 'Gad iddi, oherwydd y mae mewn loes mawr, ac y mae'r Arglwydd wedi ei gelu oddi wrthyf a heb ei fynegi imi.' A dywedodd hi, 'A ofynnais i am fab oddi wrth f'arglwydd? Oni ddywedais, "Paid â'm twyllo"?'
> 2 BRENHINOEDD 4:25b–28

Yn aml iawn mae'r gwragedd dienw sydd yn y Beibl yn dlawd ac ar ymylon cymdeithas a dim ond yn cael eu disgrifio'n fras. Roedd y 'wraig Sunamees' ar y llaw arall yn gyfoethog, yn adnabyddus ac yn un o'r gwragedd mwyaf hynod yn y gyfres hon, yn enwedig o'i chymharu â'i gŵr gwan a phetrusgar.

Roedd y cwpl di-blant yn byw ym mhentref Sunem, lle roedd y proffwyd Eliseus wedi'i leoli. Roedd hi'n westeiwraig frwdfrydig, a byddai Eliseus a'i was Gehasi yn galw heibio am bryd o fwyd. Dros amser, roeddynt yn gwneud hyn mor aml fe awgrymodd y wraig y byddai'n creu ystafell iddynt aros ynddi. Roedd yn amlwg fod gan y wraig lygad am fanylion ac yr oedd wedi dodrefnu'r ystafell yn ofalus 'a gosod yno wely a bwrdd a chadair a chanhwyllbren' (2 Brenhinoedd 4:10). Ychydig o flynyddoedd yn ddiweddarach yr uwch ystafell fechan hon oedd lleoliad un o wyrthiau mwyaf y proffwyd Eliseus.

Roedd Eliseus a Gehasi eisiau ad-dalu'r gymwynas i'r wraig yn gyfnewid am ei chroeso a'i charedigrwydd. Roeddynt yn gwybod ei bod yn ddi-blant a'i gŵr mewn oed, ac ni fyddai neb i edrych ar ei hôl ar ôl iddo farw. Yn wahanol i Sarai a Hanna, ni ofynnodd y wraig hon erioed am blentyn, ond mae'r proffwyd yn dweud wrthi y deuai'n feichiog erbyn y flwyddyn ddilynol, a dyna ddigwyddodd.

Er yr enedigaeth wyrthiol yma, daeth trychineb flynyddoedd yn ddiweddarach. Aeth y bachgen ifanc yn wael iawn tra oedd yn y caeau gyda'i dad. Gwaeddodd allan am gymorth, 'Fy mhen, Fy mhen!' (2 Brenhinoedd 4:19). Trefnodd y tad, oedd naill ai'n anabl neu'n anfodlon i gario'r bachgen ei hun, i'w was fynd ag ef at ei wraig, ac yn y man bu'r bachgen farw yn ei breichiau.

Ymatebodd hi ar unwaith. Aeth â'r plentyn i fyny'r grisiau i ystafell Eliseus, ei roi i orwedd ar y gwely, cau'r drws a theithio yn ôl ac ymlaen, 50 cilometr i gyd, i Fynydd Carmel i chwilio am Eliseus. Nid oedd ei gŵr o unrhyw gymorth gan fwmian rhywbeth nad oedd y diwrnod cywir i ymweld â phroffwyd. Pan gyrhaeddodd hi yno, fe wrthododd siarad â'r gwas Gehasi ac aeth yn uniongyrchol at Eliseus a rhoi pryd o dafod iddo: 'A ofynnais i am fab oddi wrth f'Arglwydd? Oni ddywedais, "Paid â'm twyllo"?'

Mynnodd y wraig fod Eliseus yn dod ar unwaith ac, ar ôl iddo awgrymu yn y lle cyntaf y gallai ei was fynd yn ei le, tosturiodd Eliseus. Pan gyrhaeddodd y tŷ aeth Eliseus i'r ystafell fechan a gweddïo ar Dduw. Roedd ei ddull o iacháu yn gorfforol a dramatig. 'Yna aeth at y plentyn a gorwedd drosto, a rhoi ei geg ar ei geg, a'i lygaid ar ei lygaid, a'i ddwylo ar ei ddwylo' (2 Brenhinoedd 4:34). Ar ôl i Eliseus wneud hyn ddwywaith, gwnaeth y bachgen disian a daeth yn ôl yn fyw.

Pan atgyfododd y bachgen teimlodd y wraig reidrwydd i syrthio ar ei gliniau mewn mawl a diolchgarwch.

Myfyrdod

Mae'r awdur Mirabai Starr yn dweud bod ei galar ar ôl colli ei merch yn cymharu ag 'affwys ... afalans, yn dinistrio popeth yn ei lwybr'. Yn y munudau cynnar hynny o alar roedd y wraig Sunamees wedi gwylltio. Mae storïau o atgyfodi a gobaith fel yr un yma yn dod yn fwy aml tuag at ddiwedd yr ysgrythurau Hebraeg fel y mae oes Feseianaidd Iesu Grist yn nesáu. Roedd gwyrthiau iacháu Elias ac Eliseus yn rhagflas o'r hyn oedd i ddod, ac y mae adleisiau clir rhwng y stori hon ac iacháu mab y weddw o Nain yn Luc 7:11–17.

Wrth gwrs, nid yw'r mwyafrif o blant sy'n marw yn cael eu hiacháu yn wyrthiol, ac nid yw mwyafrif y mamau sy'n galaru yn ailgysylltu â'u plant yn y bywyd hwn. Serch hynny, mae'r stori yn ein hatgoffa o obaith yr atgyfodiad, sy'n cael ei ddatgelu drwy Iesu Grist, a gyfododd y meirw, a gyfododd ei hun ac sy'n addo y byddwn ninnau hefyd yn cael ein cyfodi.

Gweddi

Caniatâ i gri'r gweddwon a phlant amddifad a diymgeledd gael eu clywed gennyt, O Waredwr cariadus. Cysura hwy gyda thynerwch mam, cysgoda hwy rhag peryglon y byd hwn, a thyrd â hwy yn y diwedd i dy gartref nefol. Amen.
John Cosin (1594–1672)

39

Morwyn Naaman: cyngor dewr

> Yr oedd Naaman capten byddin brenin Syria yn ddyn uchel gan ei feistr ac yn fawr ei barch, am mai trwyddo ef yr oedd yr Arglwydd wedi gwaredu Syria. Ond aeth y rhyfelwr praff yn ŵr gwahanglwyfus. Pan oeddent ar gyrch yn nhir Israel cipiodd y Syriaid eneth ifanc a'i dwyn i weini ar wraig Naaman. Dywedodd wrth ei meistres, 'Gresyn na fyddai fy meistr yn gweld y proffwyd sydd yn Samaria; byddai ef yn ei wella o'i wahanglwyf.' Aeth Naaman a dweud wrth ei feistr, 'Y mae'r eneth o wlad Israel yn dweud fel a'r fel.' Ac meddai brenin Syria, 'Dos di, ac anfonaf finnau lythyr at frenin Israel.'
> 2 BRENHINOEDD 5:1–5a

Mae'r stori nesaf hon yn cynnwys clefyd heintus o'r enw y gwahanglwyf. Roedd y rheiny oedd yn dioddef o'r salwch hwn yn cael eu dynodi'n 'aflan' ac yn cael eu gwahanu oddi wrth gymdeithas er mwyn diogelu eraill. Dangosodd pandemig Covid-19 i ni i gyd pa mor frawychus y gall clefyd heintus fod a'r ffordd ddiwahân y gall heintio pobl o bob cefndir.

Roedd y gwahanglwyf wedi heintio Naaman, capten pwerus byddin brenin Syria, a daeth ei iachâd trwy eiriau dewr morwyn ifanc, ddienw. Roedd morwyn Naaman yn Israeliad ifanc, tua deuddeg mlwydd oed mwy na thebyg, gafodd ei chipio yn ystod un o'r cyrchoedd niferus ar Israel gan eu gelynion Syriaidd yn y gogledd. Roedd wedi cael ei rhoi fel morwyn i wraig Naaman.

Er gwaetha'r sefyllfa gythryblus yn Israel ar y pryd, roedd rhai yn dal i addoli'r gwir Dduw byw (1 Brenhinoedd 19:18). Mae'n debygol bod y forwyn hon yn dod o un o'r teuluoedd hyn. Efallai fod hyn wedi caniatáu iddi godi ei llais pan welodd drallod Naaman: 'Dywedodd wrth ei meistres, "Gresyn na fyddai fy meistr yn gweld y proffwyd sydd yn Samaria; byddai ef yn ei wella o'i wahanglwyf."'

Er na allwn ddechrau deall yr amgylchiadau, gallwn ddychmygu'r braw y byddai'r ferch ifanc hon wedi ei deimlo pan gafodd ei chipio mewn cyrch arfog. Wedi ei chymryd i wlad ddieithr i weithio fel caethferch, siawns ei bod yn ddig wrth y rheiny oedd yn ei dal am ei chipio oddi wrth ei theulu a'i gwlad. A oedd hi hefyd yn gyfrinachol yn mwynhau gweld ei meistr yn dioddef o'r clefyd poenus a gwanychol ar ei groen?

Nid oes modd i ni wybod sut roedd hi'n teimlo, ond yr hyn a wyddom yw'r dewis a wnaeth. Ceisiodd ei helpu trwy ei gyfeirio at rywun yr oedd yn gwybod oedd â'r gallu i iacháu: y proffwyd Eliseus. Y mae'n rhyfeddol i'r ychydig eiriau hyderus, ffyddlon yma gan forwyn ifanc gael cymaint o ddylanwad nes symbylu'r teulu cyfan i weithredu.

Aethant i Israel i geisio cyfarfod ag Eliseus. Ni wyddom a aeth Naaman â'i wraig a'i forwyn gydag ef, ond mae'n debygol iddo wneud hynny. Sut brofiad oedd iddi deithio'n ôl i'w gwlad ei hun, lle bu unwaith yn rhydd ac yn cael ei charu, ond y tro hwn gyda'r rheiny oedd wedi ei chipio ac wedi lladd ei phobl?

Tybed a welodd hi Eliseus y proffwyd, a anfonodd ei was i ddweud, er arswyd mawr i Naaman, na fyddai ond yn cael iachâd os byddai'n golchi ei hun yn yr afon Iorddonen saith gwaith. A welodd hi ef yn cael ei iacháu, nid yn unig o'r cyflwr ar ei groen, ond o'i falchder a'i hunanbwysigrwydd hefyd? A oedd hi'n poeni a fyddai'r geiriau hyderus hynny a ysgogodd y fath daith yn cael eu gwireddu? Beth pe na byddai Naaman yn cael ei iacháu gan Eliseus ac y byddai'r daith gyfan yn ofer? Beth fyddai canlyniadau hynny iddi hi?

Byddai unrhyw ofnau wedi cael eu lleddfu pan wnaeth Naaman yn y pen draw 'ymdrochi saith waith yn yr Iorddonen … a daeth ei gnawd yn lân eto fel cnawd bachgen bach' (2 Brenhinoedd 5:14).

Myfyrdod

Mae'r stori am y forwyn ffyddlon hon yn ein hatgoffa o bwysigrwydd bod yn ddigon dewr i godi llais am ein ffydd, yn arbennig pan allai hynny helpu rhywun mewn angen. Pa mor aml ydym ni wedi bod wrth ochr rhywun sydd yn sâl neu angen arweiniad ac wedi cadw'n dawel? Pa mor aml ydym ni wedi cadw'n dawel am ein ffydd ein hunain rhag ofn i ni gael ein gwawdio, ein gwatwar neu ein hanwybyddu? A oes adegau yn eich bywyd chi pan ydych yn teimlo y dylech fod wedi codi eich llais? Gweddïwn am ddewrder a ffydd y ferch ifanc hon yn ein bywydau ni.

Gweddi

Dduw hollalluog, rho i ni wir ystyr geiriau, goleuni dealltwriaeth, mawredd ieithwedd a ffydd mewn gwirionedd. A gwna i ni sôn am yr hyn yr ydym yn ei gredu. Amen.
Hilary o Poitiers (c. 315–67)

40

Merched Salum: dewch, adeiladwn

> Yn ei ymyl ef yr oedd Jedaia fab Harumaff yn atgyweirio o flaen ei dŷ, a Hatus fab Hasabneia yn ei ymyl yntau. Yr oedd Malcheia fab Harim a Hasub fab Pahath-moab yn atgyweirio dwy ran a Thŵr y Ffwrneisiau. Yn ei ymyl ef yr oedd Salum fab Haloches, pennaeth hanner rhanbarth Jerwsalem, yn atgyweirio gyda'i ferched.
> NEHEMEIA 3:10–12

Ym mis Chwefror 2011 trawodd daeargryn enfawr Christchurch, Seland Newydd, gan achosi dinistr yn y ddinas. Cafodd cryn dipyn o ganol y ddinas, yn cynnwys cartrefi, ysgolion a'r gadeirlan, eu difrodi. Ar ôl hyn defnyddiodd myfyriwr o'r enw Sam Johnson Facebook i ddod â byddin o wirfoddolwyr ynghyd, ddaeth yn fudiad ar y cyd o fwy na 2,000 o bobl ifanc. Gyda'i gilydd aethant ati i rofio rwbel allan o gartrefi, dosbarthu cyflenwadau a chefnogi'r gymuned. Roedd yn enghraifft anhygoel o'r hyn sydd yn bosibl pan fydd pobl yn dod at ei gilydd.

Nid yw'r merched olaf yn y llyfr hwn ond yn cael sylw bach iawn mewn un adnod yn unig yn llyfr olaf naratif hanesyddol y Beibl Hebraeg. Helpodd merched Salum i atgyweirio rhan fach o fur oedd wedi dymchwel, felly pam y mae'n werth sôn amdanynt? Er mwyn deall hyn, mae'n ddefnyddiol gwybod arwyddocâd yr hyn yr oeddent yn helpu i'w ailadeiladu.

Pan gafodd Jwda ei goresgyn gan y Babiloniaid (gweler y bennod ar Hulda), cafodd dinas Jerwsalem ei dinistrio, gan gynnwys ei phalasau, y deml sanctaidd a muriau urddasol y ddinas. Cafodd yr Iddewon eu taflu allan ac am bron i ganrif roeddent wedi byw yn alltud, a dim ond pan ddaeth y Brenin Cyrus o Bersia i'r orsedd y cawsant ganiatâd i ddychwelyd. Roedd gwaith adfer sylweddol i'w wneud. Roedd angen iddynt ailadeiladu tŷ Dduw, adfer sancteiddrwydd a phurdeb pobl Jwda, ac yna gwneud y ddinas ei hun yn ddiogel trwy ailadeiladu'r muriau. Mae llawer o waith y ddau gyfnod cyntaf yn cael ei adrodd yn Llyfr Esra.

Cafodd trulliad (cludwr cwpan) ifanc o'r enw Nehemeia ei alw gan Dduw i oruchwylio'r prosiect adeiladu terfynol hwn: 'Y mae Jerwsalem yn adfeilion a'i phyrth wedi eu llosgi â thân; dewch, adeiladwn' (Nehemeia 2:17). Gan sylweddoli anferthedd y dasg, ysbrydolodd Nehemeia, yn debyg iawn i Sam Johnson, y gymuned gyfan i fynd ati. Roedd pob teulu i gymryd adran o'r mur, o Borth y Defaid yn y gogledd i Borth y Pysgod yn y gorllewin a Phorth y Dom yn y de. Mae Nehemeia 3 yn enwi pob teulu, gan nodi 'nad oedd eu pendefigion yn fodlon gwasanaethu meistriaid' (Nehemeia 3:5).

Merched Salum yw'r unig ferched a enwir yn y gwaith ailadeiladu. Mae'n ddiddorol ystyried beth oedd eu rôl a sut yn union y gwnaethant helpu eu tad. Efallai eu bod wedi ariannu'r gwaith neu wedi dod â bwyd a diod i'r llafurwyr. Neu a wnaethant y gwaith llafur caled, yn cario cerrig, gosod trawstiau, codi drysau a rhofio rwbel? Beth bynnag oedd eu rôl, roeddent yn rhan o'r gweithlu a orffennodd y mur mewn 52 o ddiwrnodau yn unig, gan alluogi teuluoedd Iddewig i ddychwelyd adref (Nehemeia 7) i fyw ac addoli mewn diogelwch.

Myfyrdod

Helpodd merched Salum i adeiladu'r muriau yn Jerwsalem oedd yn dal i sefyll yn ystod taith olaf Iesu i mewn i'r ddinas. Efallai iddo hyd yn oed farchogaeth trwy'r porth y gwnaethant ei adeiladu wrth gyrraedd ar yr ebol asyn. Neu efallai iddo fynd heibio i'w rhan nhw o'r mur pan gafodd ei lusgo tuag at y groes ar ei daith olaf lle cafodd ei gorff (y gwnaeth ei gymharu â theml) ei ddinistrio cyn cael ei adfer yn ei holl ogoniant atgyfodedig.

Roedd pandemig Covid-19 yn fath o 'ddaeargryn' yn y byd, am i lawer o'r strwythurau yr oeddem yn credu eu bod yn gryf ac yn gadarn ymddangos yn llawer gwannach na'r disgwyl, ac roedd llawer o bobl yn teimlo bod eu byd yn chwalu o'u cwmpas. Mae llawer o waith ailadeiladu i'w wneud o hyd. Fel merched Salum, mae pob un ohonom yn cael ein galw i chwarae ein rhan fach yn y gwaith o ailadeiladu teyrnas Dduw, teyrnas na ellir byth ei dinistrio a theyrnas fydd yn parhau am byth.

Gweddi

Dduw gwaith caled ac iachâd,
wrth i ni gofio'r rheiny sydd wedi llafurio ar ran dy bobl
ac wedi ailadeiladu dy eglwys ym mhob cenhedlaeth,
gawn ni wneud ein rhan yn dy waith o adfer
ac adeiladu yn ein cymunedau
pontydd ar gyfer iachâd, cartrefi ar gyfer gorffwys,
ac eglwysi lle rwyt yn dod i breswylio ymysg dy bobl.
Amen.
Philippa White

Myfyrio ar y broses o waith celf: Micah Hayns

Beth yw eich cefndir chi mewn celf?

Rwyf wedi bod yn greadigol yn weledol ers yn ifanc iawn. Dechreuais dynnu lluniau cartwnau ac yn araf symud at bortreadau a golygfeydd mwy realistig fel roeddwn yn tyfu'n hŷn. Aeth fy awydd i ddysgu'r grefft draddodiadol o ddarlunio a pheintio â mi i Academi Gelf Florence, Yr Eidal, lle bûm yn treulio blwyddyn yn astudio technegau darlunio'r Hen Feistri yn fanwl, rhai fel Michelangelo a Leonardo. Rwyf hefyd yn hoffi arddulliau cyfoes, megis celfyddyd bop, mynegiadaeth haniaethol a *collage*, ac yn aml byddaf yn ceisio cysoni a chydbwyso technegau traddodiadol a modern yn fy ngwaith.

Beth wnaeth eich ysbrydoli i gymryd rhan yn y prosiect yma?

Rwyf yn angerddol ynglŷn â hyrwyddo cydraddoldeb o fewn yr eglwys ac felly roedd y cyfle i ddefnyddio fy nghrefft i ymhelaethu ar rai o storïau ysbrydoledig merched yn yr Hen Destament, sy'n aml yn cael eu hesgeuluso, yn gyffrous iawn. Fel artist sydd hefyd yn Gristion, roedd y cyfle i dynnu sylw ac i anrhydeddu sut mae Duw wedi symud a gweithio drwy bobl o fewn storïau beiblaidd yn bwysig i mi a fy ffydd.

Beth oedd yr heriau wrth ddarlunio'r llyfr?

I ddechrau, roedd 40 delwedd yn nifer fawr! Felly roedd yn rhaid i mi weithio'n galed i gael y dyfalbarhad a'r stamina i weithio drwyddynt i gyd. Roedd yn rhaid i mi wneud pob un yn unigryw ac adlewyrchu'r cymeriad, y stori a beth oedd yn greiddiol i'r ferch ac felly rhaid oedd defnyddio llawer o offer a thechnegau i geisio dal tebygrwydd pob un. Er mai dim ond 40 sydd yna, mae'n debyg fy mod wedi gwneud dros 80, hanner ohonynt heb eu defnyddio. Er enghraifft, gwnes bedair fersiwn o Sara cyn i mi fod yn hapus!

Beth yw eich gobaith ar gyfer y llyfr?

Fy ngobaith yw y bydd y lluniau yn creu cysylltiad ac yn dod ag ystyr a golau i'r storïau. Yn y pen draw os yw pobl yn teimlo'n agosach at Dduw mewn unrhyw ffordd neu'n derbyn syniad o fywyd a heddwch o'm darluniau ac ysgrifennu fy mam, yna byddaf yn teimlo ein bod wedi gwneud ein gwaith.

Darganfyddwch Micah ar lein:

Gwefan: **micahhayns.com**
Facebook/Instagram: **@micahhaynsart**

Nodiadau

1. 'Bradwell v. Illinois', 83 US 130 (1872), dyfynnwyd mewn araith gan Yr Arglwyddes Brenda Hale, '100 years of women in the law: from Bertha Cave to Brenda Hale', 20 Mawrth 2019.

2. 'Report of the Advisory Panel on Judicial Diversity', cadeirwyd gan Y Farwnes Neuberger, Chwefror 2010, t. 4, ar gael ar **judiciary.uk.**

3. Amcan 5 o Amcanion Datblygiad Cynaliadwy y Cenhedloedd Unedig yw: 'achieve gender equality and empower all women and girls', ac mae is-amcan 5.a yn dweud: 'Undertake reforms to give women equal rights to economic resources, as well as access to ownership and control over land and other forms of property, financial services, inheritance and natural resources, in accordance with national laws', **sdgs.un.org/goals/goal5.**

4. William McDonald, *The Socialite Who Killed a Nazi with Her Bare Hands* (Workman, 2012).

5. Paul Vitello, 'Nancy Wake, proud spy and Nazi foe, dies at 98', *The New York Times*, 13 Awst 2011, **nytimes.com/2011/08/14/world/europe/14wake.html.**

6. Christine de Pizan, *The Treasure of the City of Ladies,* cyfieithwyd gan Sarah Lawson (Penguin, 1985).

7. Enwyd y mab naill ai Chileab (2 Samuel 3:3) neu Daniel (1 Cronicl 3:1).

8. 'Emily' oedd y ffugenw roddwyd i Chanel Miller, sydd nawr wedi ysgrifennu llyfr am ei phrofiad o'r enw *Know My Name: A memoir* (Penguin, 2019). Mae ei datganiad effaith ar ddioddefwyr ar gael yn rhwydd ar lein, gan ei fod wedi'i rannu 11 miliwn gwaith mewn pedwar diwrnod unwaith y cafodd ei ryddhau ar Buzzfeed.

9. Mabwysiadwyd y term mewn erthygl ddiddorol iawn: Dean C. Ludwig a Clinton O. Longenecker, 'The Bathsheba Syndrome: the ethical failure of successful leaders', *Journal of Business Ethics,* 12 (1993), tt. 265–73.

10. **ted.com/talks/monica_lewinsky_the _price_of_shame**

11. **myjewishlearning.com/article/vashti-esther-a-feminist-perspective**

12. Hannah Richie a Max Roser, 'Gender ratio' (Mehefin 2019): **ourworldindata.org/gender-ratio**